I0358396

www.ingramcontent.com/pod-product-compliance
Lightning Source LLC
Chambersburg PA
CBHW082207090526
44583CB00021BA/2823
* 9 7 8 1 7 7 8 9 2 2 4 4 2 *

ضرب‌المثل‌های شیرین پارسی

کاربرد و توضیحات به فارسی و انگلیسی

پری‌ناز ژندی - فریا زندی‌نیا

A Guide to

Persian Proverbs

with Their Meanings, Contexts, and English Equivalents

Parinaz Zhandy - Faria Zandinia

Serial Number: P2545340157
Title: Persian Proverbs
Sub Title: With Their Meanings, Contexts, and English Equivalents
Authors: Faria Zandinia & Parinaz Zhandy
Illustrators & Drawings: Faria Zandinia
Translator: Faria Zandinia
Editor: Parinaz Zhandy
Layout: Mahboobeh Laalpoor
ISBN: 978-2-77892-244-1
Subject: Language, Educational
Book format and Size: Paperback, Royal
Pages: 200
Publication Date: May 2025
Publisher: Kidsocado Publishing House

Copyright © 2025 By Kidsocado Publishing House
All Rights Reserved, including the right of reproduction in whole or in part in any form.

Kidsocado Publishing House
Vancouver, Canada

Phone: +1 (236) 333-7248
WhatsApp: +1 (236) 333-7248
Email: info@kidsocado.com
Website: https://kidsocado.com
Address: 2100-1055 West Georgia St,
Vancouver, BC V6E 3P3, Canada

تقدیم به
پدر، مادر و برادرم.

به برادرم،
که همیشه باعث خنده و شادی من است.
و به پدر و مادرم،
برای حمایت بی‌پایان‌شان و اینکه همیشه به من ایمان دارند، حتی وقتی خودم ندارم.

To my mom, dad, and brother

To my brother, for always making me laugh and brightening my days.

To my mom and dad, for your endless support and for always believing in me, even when I don't believe in myself.

لیست ضرب‌المثل‌ها

آب از آب تکان نمی‌خوره!	۱
آب از دستش نمی‌چکه!	۲
آب از سرچشمه گِله!	۳
آب بر آتش می‌زنه.	۴
آب برای من نداره، نون که برای تو داره!	۵
آب به سوراخ مورچه ریختن.	۶
آب به هاوَن کوفتن.	۷
آب پاکی روی دست کسی ریختن!	۸
آب در دلش تکان نمی‌خوره.	۹
آب در دهنش خشک شد!	۱۰
آب دستته بزار زمین!	۱۱
آب را گل آلود می‌کنه که ماهی بگیره!	۱۲
آب رفته به جوی باز نمی‌گرده!	۱۳
آب زیر پوستش رفته!	۱۴
آب که از سر گذشت، چه یک وجب چه صد وجب!	۱۵
آب که سر بالا بره، قورباغه ابوعطا می‌خونه!	۱۶
آب که یه جا بمونه، می‌گنده!	۱۷
آب مایه‌ی آبادانیه.	۱۸
آب نطلبیده مراده!	۱۹
آب نمی‌بینه و گرنه شناگر قابلیه!	۲۰
آتش چو برافروخت، بسوزد تر و خشک!	۲۱
آتیش (آتش) زده بر مالش!	۲۲
آتیش بیار معرکه!	۲۳
آدم بی‌سواد کوره!	۲۴
آدم تا کوچیکی نکنه بزرگ نشه!	۲۵
آدمیزاد شیر خام خورده است!	۲۶
آرزو بر جوانان عیب نیست!	۲۷

لیست ضرب‌المثل‌ها

۲۸	آزادگان تهی دست‌اند!
۲۹	آزموده را آزمودن خطاست!
۳۰	آسمون هر جا بری یه رنگه.
۳۱	آستین نو بخور پُلو!
۳۲	آش دهن سوزی نیست!
۳۳	آش کشک خالَته، بخوری پاته، نخوری پاته!
۳۴	آش نخورده و دهن سوخته!
۳۵	آشپز که دو تا شد، آش یا شور می‌شه یا بی نمک!
۳۶	آفتابه خرج لحیم کردن!
۳۷	آن را که حساب پاک است از محاسبه چه باک است!
۳۸	آن را که عقل دادی، پس چه ندادی؟
۳۹	آنجا که عیان است، چه حاجت به بیان است!
۴۰	آنچه به خود نپسندی، به دیگران نپسند!
۴۱	آنچه در آینه جوان بیند، پیر در خشت خام بیند!
۴۲	آنچه دلم خواست نه آن شد، آنچه خدا خواست همان شد!
۴۳	آنچه نپاید، دلبستگی را نشاید!
۴۴	آنقدر مار خورده، افعی شده!
۴۵	آن کس که نداند و نداند که نداند،
۴۶	آواز دُهُل شنیدن از دور خوش است!
۴۷	آن ورق برگشت!
۴۸	احتیاج، مادر اختراع است!
۴۹	از آب کره گرفتن!
۴۰	از آب و گِل در اومده.
۵۱	از آن نترس که های و هو دارد، از آن بترس که سر به تو دارد!
۵۲	از این امامزاده کسی همچنین معجزه‌ای ندیده بود!
۵۳	از این جا مونده و از اون جا رونده!
۵۴	از این ستون به اون ستون فرجه!

۵۵	از بی‌کفنی زنده اس!
۵۶	از این گوش می‌گیره و از اون گوش در می‌کنه!
۵۷	از ترس مار، رفت تو دهن اژدها!
۵۸	از پَر کلاهِش رد شد!
۵۹	از پی هر گریه آخر خنده‌ای است!
۶۰	از خرِ شیطون بیا پایین!
۶۱	از دور دل می‌بره از نزدیک زهره!
۶۲	از دیو دو سر نمی‌ترسه.
۶۳	از سایه خودش می‌ترسه (رَم می‌کنه)!
۶۴	از سَر ما هم زیاده!
۶۵	از سیر تا پیاز.
۶۶	از شاخی به شاخی می پره!
۶۷	از شیر مادر حلال تره!
۶۸	از فضل پدر ترا چه حاصل!
۶۹	از غورگی مویز شده!
۷۰	از کرامات شیخ ما اینه که شیره را خورد و گفت شیرینه!
۷۱	از کوزه همان برون تراوَد که در اوست!
۷۲	از هر دست بدی از همون دست پس می‌گیری!
۷۳	ادب از که آموختی از بی ادبان!
۷۴	این حرف‌ها برای فاطی تنبون نمی‌شه!
۷۵	این گوری که براش گریه می‌کنی، مُرده نداره!
۷۶	این شتری که دم درخونه همه می‌خوابه!
۷۷	اولین قدم همیشه سخترین قدمه!
۷۸	این‌همه خَر هست، ما چرا پیاده می‌ریم!
۷۹	با حلوا حلوا کردن، دهن شیرین نمی‌شه!
۸۰	با دست پس می‌زنه و با پا پیش می‌کشه!

لیست
ضرب‌المثل‌ها

بازی بازی؛ با دم شیر هم بازی!؟ ۸۱
بازی بازی؛ با ریشِ بابا هم بازی؟! ۸۲
باید بسوزی، بسازی! ۸۳
با یک دست نمی‌شه دو تا هندوانه برداشت! ۸۴
با یک تیر دو نشان زده! ۸۵
بُزک نَمیر بهار می‌آد. کُمبُزه با خیار می‌آد! ۸۶
بزنم به تخته! ۸۷
به اسب مرده لگد نمی‌زنن! ۸۸
به روباه می‌گن شاهدت کیه؟ می‌گه دُمَم! ۸۹
به دلم برات شده بود! ۹۰
به ساز کسی رقصیدن. ۹۱
بی‌خبری، خوش خبریه! ۹۲
پایان شب سیه، سپید است. ۹۳
تا خراب نشود، آباد نمی‌شود! ۹۴
تا سه نشه بازی نشه! ۹۵
تا گوساله گاو بشه، دلِ صاحبش آب می‌شه! ۹۶
ترک اعتیاد موجب مرضه! ۹۷
تو که لالایی بلدی چرا خوابت نمی‌بره! ۹۸
جوجه را آخر پاییز می‌شمارن! ۹۹
جا تره و بچّه نیست! ۱۰۰
چوب را که برداری، گربه دزده فرار می‌کنه! ۱۰۱
حرف راست را از بچّه بپرس! ۱۰۲
حساب، حساب است؛ کاکا برادر! ۱۰۳
خانه‌ای که دو کدبانو دارد، خاک تا زانوست! ۱۰۴
خدا به آدم گدا نه عزا بده نه عروسی! ۱۰۵
خَر چه داند، لذت نُقل و نبات! ۱۰۶

لیست ضرب‌المثل‌ها

خَر ما از کُرّگی دُم نداشت!	۱۰۷
خواستن، توانستن است.	۱۰۸
خودتو به کوچه‌ی علی چپ نزن!	۱۰۹
خود کرده را تدبیر نیست!	۱۱۰
دَر ناامیدی بسی اُمید است.	۱۱۱
دلم مثل سیر و سرکه می‌جوشه!	۱۱۲
دنبال نخود سیاه!	۱۱۳
دنیا را آب ببره، اونو خواب می‌بره!	۱۱۴
دیوار موش داره، موشم گوش داره!	۱۱۵
دندون اسبِ پیشکشی را نمی‌شمارن!	۱۱۶
دیگ به دیگ می‌گه، روت سیاه!	۱۱۷
دو تا فکر، از یک فکر بهتره.	۱۱۸
روزه‌ی شک دار نگیر!	۱۱۹
سَرش بوی قورمه‌سبزی می‌ده!	۱۲۰
سری که درد نمی‌کنه را دستمال نمی‌بندند!	۱۲۱
سگ، گوشتِ سگ را نمی‌خوره!	۱۲۲
سنگِ بزرگ علامتِ نزدنه!	۱۲۳
سوسک رو دیوار راه می‌رفت، مادرش......."	۱۲۴
سیلیِ نقد به از حلوای نسیه!	۱۲۵
شانس یک‌بار درَ خونه آدم را می‌زنه!	۱۲۶
شتر در خواب بیند پنبه‌دانه!	۱۲۷
شتر دیدی؟ ندیدی!	۱۲۸
شترسواری دولادولا نمی‌شه!	۱۲۹
صد سال گدایی می‌کنه، هنوز شبِ جمعه را نمی‌دونه!	۱۳۰
قطره‌قطره جمع گردد، وانگهی دریا شود.	۱۳۱
کبریتِ بی‌خطر.	۱۳۲
کاچی به از هیچی!	۱۳۳

لیست ضرب‌المثل‌ها

کَس نَخارد پشتِ من جز ناخن انگشتِ من!	۱۳۴
کفِ دست که مو نداره، بکن!	۱۳۵
کف‌گیر به تهِ دیگ خورده!	۱۳۶
کوه به کوه نمی‌رسه، ولی آدم به آدم می‌رسه!	۱۳۷
گذشته‌ها گذشته!	۱۳۸
ماهی را هر وقت از آب بگیری تازه‌ست.	۱۳۹
مثل دُمِ اسب باران میاد!	۱۴۰
مرغ که در هواست، به سیخ نمی‌کشید!	۱۴۱
مرغِ همسایه غازه!	۱۴۲
مگهَ پول علفِ خِرسه!	۱۴۳
مُشت نمونه‌ی خروارِه!	۱۴۴
من می‌گم نَره، تو می‌گی بدوش!	۱۴۵
موش موشک، آسه برو آسه بیا که گربه شاخت نزنه!	۱۴۶
موشه تو سوراخ نمی‌رفت، جارو به دمش می‌بست!	۱۴۷
نابرده رنج، گنج میسّر نمی‌شود.	۱۴۸
نشاشیدی شب درازه!	۱۴۹
نمک خورده و نمکدون شکونده!	۱۵۰
نو که اومد به بازار، کهنه می‌شه دل آزار!	۱۵۱
نوش‌دارو بعد از مرگ سهراب!	۱۵۲
هر چقدر پول بدی، همان قدر آش می‌خوری!	۱۵۳
هر که بامش بیش، برفش بیشتر.	۱۵۴
هر چه پیش آید خوش آید!	۱۵۵
هم خدا خواهی و هم دنیای دون!	۱۵۶
هم خدا را می‌خواد و هم خرما را!	۱۵۷
هیچ بقّالی نمی‌گه ماستِ من تُرشه!	۱۵۸
یا رومی روم، یا زنگی زنگ.	۱۵۹
یک دست صدا نداره!	۱۶۰

Preface

Conveying certain emotions or concepts to others isn't always easy.

Sometimes, a single proverb carries the meaning of many sentences. At times, we may not be able to express something directly for fear of hurting someone's feelings, but a well-chosen proverb allows us to say the same thing with grace and subtlety.

A short phrase, yet full of meaning.

My name is Faria Zandinia. I am a Persian language learner in Vancouver, Canada. Both in Persian class and at home, I often heard Persian proverbs. I found them fascinating and was always curious to find their English equivalents.

That's why, with the help of my Persian language teacher, I decided to collect a series of common, beautiful, and meaningful Persian proverbs. We explored their meanings and uses, and, whenever possible, we found corresponding expressions in English.

With the support of my art and design teacher, we illustrated some of these proverbs to bring them to life through imagery.

This book is a collection of Persian proverbs illustrated through the eyes of me and my brother. In each image, I've tried to capture not just ancient wisdom, but also stories of love, laughter, and togetherness.

Most of the drawings in this book are inspired by the faces of myself and my brother Farbod, to add a playful visual touch to the spirit of the proverbs. My brother is not just my best friend, he is the beating heart of every page in this book.

I hope these proverbs, just as they've shaped our lives, will also speak to your heart.

Faria

پیشگفتار

انتقال برخی احساسات یا مفاهیم به دیگران همیشه آسان نیست.

گاهی یک ضرب‌المثل، معنای چند جمله را در دل خود دارد. گاهی نمی‌توانیم چیزی را مستقیم بگوییم چون ممکن است دل کسی را برنجانیم، اما با یک ضرب‌المثل، همان حرف را لطیف‌تر و هنرمندانه‌تر بیان می‌کنیم. یک جمله‌ی کوتاه، اما سرشار از معنا.

من فریا زندی‌نیا هستم، زبان‌آموز فارسی در ونکوور، کانادا، در کلاس زبان فارسی، و حتی در خانه، بارها ضرب‌المثل‌های فارسی می‌شنیدم. ضرب‌المثل‌ها برایم جذاب بودند و همیشه به دنبال معادل‌های انگلیسی آن‌ها می‌گشتم.

به همین دلیل، به کمک آموزگار زبان فارسی‌ام تصمیم گرفتیم مجموعه‌ای از ضرب‌المثل‌های رایج، دلنشین و پرمعنا را گردآوری کنیم. معنا و کاربردشان را بررسی کردیم و اگر ممکن بود، معادل‌هایی برای آن‌ها در زبان انگلیسی یافتیم.

با همکاری آموزگار هنر و طراحی‌ام، برخی از این ضرب‌المثل‌ها را نیز به تصویر کشیدیم تا جانِ تصویری به آن‌ها بدهیم.

این کتاب مجموعه‌ای از ضرب‌المثل‌های فارسی است که از نگاه من و برادرم برایتان به تصویر کشیده شده‌اند. سعی کرده‌ام در هر تصویر، نه فقط دانشی کهن، بلکه داستانی از عشق، خنده و با هم بودن را برایتان روایت کنم. بیشتر تصاویر این کتاب با الهام از چهره‌ی خودم و برادرم فربُد طراحی شده‌اند، تا حال و هوای ضرب‌المثل‌ها را با زبان تصویر شیرین‌تر کنیم.

برادرم فقط بهترین دوستم نیست او قلب تپنده‌ی هر صفحه‌ی این کتاب است.

امیدوارم این ضرب‌المثل‌ها همان‌طور که زندگی ما را شکل دادند، با دل شما نیز سخن بگویند.

فریا

About Faria

The very first time she stepped into my Persian class with bright eyes, a cheerful face, and a smile on her lips, she was so little that I carefully placed two volumes of first-grade Persian reading and writing books, along with two supplementary workbooks, into her tiny hands.

From those early days, her passion for learning and eagerness to embrace her mother tongue burned so brightly that I could feel, deep in my soul, how each Persian letter settled like a drop of crystal-clear water into her being, sprouting in the depth of her gaze. With each dictation exercise, instead of fearing mistakes, she wore a triumphant smile—as if every error opened a window toward a deeper understanding of the language.

Over the years, I witnessed the blossoming of her confidence and linguistic growth: she was always by my side in organizing Iranian celebrations and traditions—not just as a student, but as dear to me as my own daughter. She became the host of programs, shone on stage in choir and drama performances, and with her powerful and articulate recitations of Persian prose and poetry, she became a perfect role model for the new generation of Persian speakers.

By the time she reached seventh-grade Persian, in addition to the formal curriculum, I added The Book of Proverbs and Sayings by Master Ali-Akbar Dehkhoda to our lessons. Her enthusiasm doubled. As she herself once said, her nightly walks with family turned into conversations about Persian proverbs and their English equivalents. And so, the idea of creating a book of proverbs was born: we decided to embark on that journey together.

Now, I am overjoyed to see how the young tree of her life has grown so full of fruit. Faria is, to me, the embodiment of that beautiful verse by Naser Khosrow:

> *"If your tree bears the fruit of knowledge,*
> *You shall bring down the heavens of blue."*

Indeed, this book is a reflection of the passion of one among thousands of Persian learners devoted to their mother tongue, and the guidance of a teacher deeply in love with her path. Let it remain as a keepsake from the road we walked together, and a light for those who follow.

Parinaz Zhandy

درباره‌ فریا

نخستین بار هنگامی که با اشتیاق و چهره‌ای شاد، لبخند به لب، به کلاس فارسی‌ام قدم گذاشتی، آن‌قدر کوچک بودی که من هنگام خداحافظی با احتیاط دو جلد کتابِ خواندن و نوشتن فارسی اول همراه با دو جلد کتاب‌های کمک‌آموزشیِ را در دستانت گذاشتم.

از همان روزهای اول، شورِ یادگیری و شوق فراگیری زبان مادری در تو چنان شعله‌ور بود که من با تمام وجود حس می‌کردم هر حرفِ فارسی چون قطره‌ای زلال در جانت می‌نشست و در عمق نگاهت جوانه می‌زد. در هر تمرینِ دیکته، به‌جای هراس از خطا، لبخندِ پیروزی بر لب داشتی؛ گویی هر اشتباه، دریچه‌ای بود به سوی درکِ عمیق‌ترِ زبان.

سال‌ها شاهدِ جوانه‌زدنِ اعتماد به نفس و رشدِ زبانی‌ات بودم: در برپایی جشن‌ها و آیین ایرانی همواره یار و یاورم بودی، فراتر از يك دانش‌آموز، صمیمی مانند دخترخودم، مجری برنامه‌ها می‌شدی، گاه در گروه سرود و نمایش می‌درخشیدی و گاه توانمند در اجرای صحیح دکلمه‌ی متون نظم و نثر فارسی الگوی تمام و کمال نسل جدید پارسی زبان شدی.

آنگاه که به کلاس هفتم فارسی رسیدی، علاوه بر دروسِ رسمی، «کتاب أمثال و حکمِ» اثر استاد علی‌اکبر دهخدا را نیز به محتوای آموزشی افزودم. در این مسیر، شورِ تو دوچندان شد، چنانکه به گفته‌ی خودت شب‌ها هنگامِ پیاده‌روی با خانواده، به گپ‌وگفت درباره ضرب‌المثل‌های پارسی و یافتنِ معادلِ انگلیسی‌شان اختصاص یافت و اینگونه شد که جرقه‌ی تألیفِ کتابِ ضرب‌المثل‌ها در ذهن‌مان زد: بر آن شدیم این مسیر را نیز در کنار هم بپیماییم و پیش برویم.

اکنون بسیار خوشحالم که درخت جوان زندگی‌ات چنین پر بار گشته است.

فریای عزیزم تو برای من مصداق همان شعر زیبای ناصر خسرو هستی:

درخت تو گر بار دانش بگیرد

بزیر آوری چرخ نیلوفری را

باری این کتاب،تجلی اشتیاق یکی از هزاران پارسی آموز علاقمند بزبان مادری و هدایتِ يك آموزگار عاشق است؛ بماند به یادگار از راهی که پیمودیم و چراغِ راهِ مشتاقان....

پریناز ژندی

1

آب از آب تکان نمی‌خوره!

موارد استفاده:

زمان انجام کارهایی که یواشکی و بدون اینکه دیگران بفهمند این ضرب‌المثل را استفاده می‌کنند.

معنی به فارسی:

انجام دادن کارها به صورتی کاملاً زیرکانه و نامحسوس.

Exact translation into English:

Water does not move from water.

Usage, Explanation:

Nothing bad will happen. Everything will be okay.

English Equivalent:

The sky won’t fall!

2

آب از دستش نمی‌چکه!

موارد استفاده:
زمانی به کار می‌رود که با فردی بسیار خسیس روبرو شده‌ایم.

معنی به فارسی:
خیلی آدم خسیسی است.

Exact translation into English:

Water does not drip from his hand.

Usage, Explanation:

Someone who is stingy and doesn’t like to spend money.

English Equivalent:

He is tight fisted!

۳

آب از سرچشمه گِله!

موارد استفاده:
زمانی به کار می‌رود که مسئله‌ای از ریشه اشتباه و مشکل‌ساز است.

معنی به فارسی:
اگر از اول کار تو مشکل داشته باشد آن مشکل در تمام کارهایت مشخص می‌شود.

Exact translation into English:

The water is muddy from the source.

Usage, Explanation:

If the problem starts at the top, It affects everything else.

English Equivalent:

A fish rots from the head down!

۴

آب بر آتش می‌زنه.

موارد استفاده:
زمانی به کار می‌رود که در حل یک مشکل و گرفتاری فردی کمک کننده باشد.

معنی به فارسی:
یک مشکل را ازبین بردن!

Exact translation into English:

Pouring water on fire.

Usage, Explanation:

To fix a problem, help someone, or calm things down.

English Equivalent:

Pour oil on troubled water!

۵

آب برای من نداره، نون که برای تو داره!

موارد استفاده:
این ضرب‌المثل زمانی به‌کار می‌رود که کسی یا چیزی برای گوینده هیچ منفعتی ندارد، اما برای دیگری سود و منفعت دارد. اغلب با لحنی گلایه‌آمیز یا طنز بیان می‌شود، وقتی احساس بی‌عدالتی یا تبعیض وجود دارد.

معنی به فارسی:
این همکاری برای من هیچ آورده‌ای نداشت، ولی برای تو که پر از فایده بود

Exact translation into English:

It doesn't have water for me, but it has bread for you

Usage, Explanation:

Something might not help one person, but it can still help another.

English Equivalent:

It brings grists to the mill.

۶

آب به سوراخ مورچه ریختن.

موارد استفاده:
این استفاده می‌شود زمانی که یک گروه بزرگی حس خطر می‌کنند و همه بیرون می‌آیند.

معنی به فارسی:
جمع کثیری را از جایی دفعتاً بیرون آوردن.

Exact translation into English:

They poured water into the ant hole

Usage, Explanation:

A disturbance that makes everyone react.

English Equivalent:

Stir up a hornet's nest!

7

آب به هاوَن کوفتن.

موارد استفاده:

زمانی به کار می‌رود که شخصی کاری بیهوده و بی‌فکری را انجام می‌دهد.

معنی به فارسی:

کار بیهوده کردن!

Exact translation into English:

Pounding water in a mortar.

Usage, Explanation:

Doing something useless!

English Equivalent:

Beating a dead horse!

8

آب پاکی روی دست کسی ریختن!

موارد استفاده:
زمانی به کار می‌رود که فردی را از خواسته‌ای که از ما دارد ناامید و دل‌سرد کنیم.

معنی به فارسی:
کسی را از کاری نا امید کردن!

Exact translation into English:

Pouring clean water on someone's hand.

Usage, Explanation:

To make someone lose hope or stop trying.

English Equivalent:

Pouring cold water on something/ someone!

۹

آب در دلش تکان نمی‌خوره.

موارد استفاده:
زمانی به کار می‌رود که شخصی آرامش خاصی دارد و چیزی او را آزرده خاطر نمی‌کند.

معنی به فارسی:
آرامش داشتن!

Exact translation into English:

Water does not move in their heart.

Usage, Explanation:

A very peaceful person who doesn't get upset easily!

English Equivalent:

They are as cool as cucumber!

۱۵

آب در دهنش خشک شد!

موارد استفاده:
زمانی به کار می‌رود که شخصی از شنیدن خبری بیش از حد شُکّه شود.

معنی به فارسی:
خیلی شُکّه شد!

Exact translation into English:

The water in my mouth dried up.

Usage, Explanation:

Used when someone hears unbelievable or shocking news.

English Equivalent:

I was speechless!

11

آب دستته بزار زمین!

موارد استفاده:

زمانی به کار می‌رود که یک کار بسیار مهمی باید انجام شود و با گفتن این ضرب‌المثل طرف تمام کارهای خود را رها کرده و به سمت کار گفته شده می‌رود.

معنی به فارسی:

زود بیا!

Exact translation into English:

If you're holding water, put it down!

Usage, Explanation:

Hurry up and come here as soon as possible.

English Equivalents:

Don't let the grass grow under your feet!

or

Come at the drop of a hat!

آب را گل آلود می‌کنه که ماهی بگیره!

موارد استفاده:
زمانی به کار می‌رود که فردی حتی در مشکلات هم به دنبال منفعت خود باشد.

معنی به فارسی:
وقتی فردی از شلوغی می‌خواهد یک فایده‌ای دربیاورد!

Exact translation into English:

He makes the water muddy to catch fish.

Usage, Explanation:

Someone who creates confusion or trouble for their own benefit.

English Equivalent:

He is fishing in troubled waters!

آب رفته به جوی باز نمی‌گرده!

موارد استفاده:
اگر فرصتی از دست رفت یا کاری ناخواسته انجام شد، با پشیمانی و زانوی غم بغل گرفتن آن شیء از دست رفته بر نمی‌گردد.

معنی به فارسی:
از دست دادن فرصت‌ها.

Exact translation into English:

The water that goes to the river will not come back.

Usage, Explanation:

Once something is lost or done, it cannot be reversed.

English Equivalent:

What is done cannot be undone!

آب زیر پوستش رفته!

موارد استفاده:
زمانی به کار می‌رود که فردی شرایط و اتفاقات بر وفق مراد اوست و همه چیز مطابق با خواست او اتفاق می‌افتد.

معنی به فارسی:
چاق شدن!

Exact translation into English:

Water has gone under her skin.

Usage, Explanation:

This is said when someone's appearance or body has filled usually in healthy way.

English Equivalent:

They've filled out!

15

آب که از سر گذشت، چه یک وجب چه صد وجب!
(چه یک نی چه صد نی!)

موارد استفاده:

کنایه از دست کشیدن از تلاش است زمانی که دیگر تلاش کردن سودی ندارد.

معنی به فارسی:

اتفاق بدی افتاده است دیگر!

Exact translation into English:

The water that passes through the head, whether one span or a hundred.

Usage, Explanation:

Once something bad has happened! more of it makes no difference.

English Equivalents:

A miss is as good as a mile!

or

In for a penny, in for a pound!

16

آب که سر بالا بره قورباغه ابوعطا می‌خونه!

موارد استفاده:

زمانی استفاده می‌شود که در شرایط نامناسب و هرج و مرج انجام کاری غیرممکن باشد. یعنی هر وقت آب سربالا حرکت کند حتی قورباغه آواز سختِ ابوعطایی را می‌تواند بخواند.

معنی به فارسی:

این ضرب‌المثل حکایت از بی‌نظمی و هرج و مرج دارد.

Exact translation into English:

The water that flows uphill, the frog sings Aboata[1].

Usage, Explanation:

This proverb symbolizes chaos unnatural event, used when something seems impossible to happen.

English Equivalent:

When pigs fly!

1- Aboata= Persian Musical Mode

آب که یه جا بمونه، می‌گنده!

موارد استفاده:

آب اگر جریان نداشته باشد، مرداب می‌شود. انسان نیز مانند آب اگر همیشه در تلاش و تکاپو نباشد، فرسوده خواهد شد.

معنی به فارسی:

چیزی که زیاد می‌ماند خراب می‌شود.

Exact translation into English:

Water that stays in one place will rot.

Usage, Explanation:

Something that remains still or inactive for too long becomes useless or bad.

English Equivalent:

Standing pools gather filth!

18

آب مایه‌ی آبادانیه.

موارد استفاده:
زمانی به کار می‌رود که تأثیرگذاری و اهمیت آب را نشان دهد.

معنی به فارسی:
وجود آب در هر جایی باعث پیشرفت انسان و زندگی می‌شود.

Exact translation into English:

Water is prosperity.

Usage, Explanation:

It shows the importance of water in our life. Water brings growth and wealth. this proverb is taking about the importance of water in our life.

English Equivalent:

Water is life's matter and source.

19

آب نطلبیده مراده!

موارد استفاده:
وقتی که درخواست چیزی ندادی ولی به تو داده می‌شود.

معنی به فارسی:
یعنی آرزویت انجام می‌شود.

Exact translation into English:

Water not asked for,grants your wish.

Usage, Explanation:

When something good happens without you asking or expecting it, it feels like a lucky gift.

English Equivalents:

An unasked offering is a boon!

or

Don’t look a gift horse in the mouth!

۲۰

آب نمی‌بینه وگرنه شناگر قابلیه!

موارد استفاده:
درباره کسی می‌گویند که ظاهر خوبی دارد و این ظاهرسازی‌اش به دلیل نبود زمینه‌های انجام کار زشت است و اگر آن زمینه‌ها برای او فراهم شود ظاهر خوبش نیز از بین خواهد رفت.

معنی به فارسی:
یعنی امکانات کافی ندارد وگرنه همه نوع کار می‌تواند انجام دهد.

Exact translation into English:
He doesn't see water, otherwise a good swimmer.

Usage, Explanation:
He doesn't find the appropriate occasion to demonstrate his talents and abilities.

This is said about someone who is capable and skilled but hasn't had the chance to prove themselves.

English Equivalents:
He just lacks sunshine to make the hay!

or

A good sailor without a sea!

آتش چو برافروخت، بسوزد تر و خشک!

موارد استفاده:
در اثر حادثه گناه‌کار و بی‌گناه از بین بروند.

معنی به فارسی:
وقتی یک نفر یک کار بد انجام می‌دهد و همه تنبیه می‌شوند!

Exact translation into English:

When the fire is kindled, it burns both the wet and the dry.

Usage, Explanation:

Everyone gets punished for one person's wrongdoing.

English Equivalents:

The good suffer with the bad!

or

When the ship sinks, everyone drowns!

22

آتیش (آتش) زده بر مالش!

موارد استفاده:
تمام اموالش را به بهای ناچیزی فروخته و یا از دست داده.

معنی به فارسی:
هر چی داشته بخشیده و یا ارزان فروخته.

Exact translation into English:

Set fire to his own property.

Usage, Explanation:

A sale of goods or assets at a very low price.

English Equivalent:

Shot himself in the foot!

23

آتیش بیار معرکه!

موارد استفاده:
به کسی می‌گویند که جزو طرفین دعوا نیست اما عامل و مشوق ادامه‌ی دعوا و ستیز است.

معنی به فارسی:
دو بهم زنی می‌کند.

Exact translation into English:

Someone who brings fire to a fight.

Usage, Explanation:

To make a bad situation even worse by saying or doing something that makes someone angry.

English Equivalent:

Someone who adds fuel to the fire!

۲۴

آدم بی‌سواد کوره!

موارد استفاده:
زمانی به کار می‌رود که شخصی بدون داشتن تحصیلات و آگاهی و درک بخواهد تصمیمی بگیرد.

معنی به فارسی:
کسی که خواندن و نوشتن بلد نیست، نمی‌تواند همه چیز را خوب بفهمد.

Exact translation into English:

An illiterate person is blind.

Usage, Explanation:

If someone doesn't know how to read or write they can't understand anything. This Proverb highlights the limitations faced by those who lack basic literacy skills.

English Equivalent:

The illiterate man is like a blind man!

25

آدم تا کوچیکی نکنه بزرگ نشه!

موارد استفاده:

آدم تا شاگردی و فروتنی نکند به مقام بزرگی و استادی نخواهد رسید.

معنی به فارسی:

همه آرام آرام به بالا می‌رسند!

Exact translation into English:

A person does not grow up until they make mistakes.

Usage, Explanation:

Making mistakes is a natural and necessary part of growing up. Each mistake provides a learning opportunity that helps shape a person's maturity and wisdom.

English Equivalent:

Every time you fail, you grow wiser!

26

آدمیزاد شیر خام خورده است!

موارد استفاده:

این مَثَل هنگامی استفاده می‌شود که بخواهیم بگوییم آن فَرد غیر قابل اعتماد است، ناسپاس است و ممکن است دست به هر کاری بزند. محبت‌ها را فراموش کند و برای رسیدن به نفع شخصی، به ضرر دیگران کار کند.

معنی به فارسی:

آدم‌ها اجازه دارند اشتباه کنند.

Exact translation into English:

Man has eaten raw milk.

Usage, Explanation:

Everybody makes mistakes at some point, it's a common human experience.

English Equivalents:

To err is human!

or

Everybody makes mistakes!

27

آرزو بر جوانان عیب نیست!

موارد استفاده:
جوانان می‌توانند برای خود رویاپردازی کنند و با رویاهای خود زندگی کنند!

معنی به فارسی:
رویا داشتن برای جوانان جایز است!

Exact translation into English:

Aspiration is not a fault for young people.

Usage, Explanation:

It's good for young people to have big dreams and ambitions.

English Equivalent:

Youth is the time for adventure!

28

آزادگان تهی دست‌اند!

موارد استفاده:
افراد آزاده در راه رسیدن به اهداف خود سرمایه‌های خود را فدا کرده‌اند و ثروتمند نیستند.

معنی به فارسی:
انسان آزاده معمولاً ثروتمند نیست.

Exact translation into English:

Freedman's hands are empty.

Usage, Explanation:

Gaining freedom can come at the cost of losing financial or material security.

English Equivalents:

Better to be poor and free, than rich and enslaved!

or

Freedom comes at a cost!

۲۹

آزموده را آزمودن خطاست!
آزموده را آزمودن پشیمانی آرد!

موارد استفاده:

زمانی به کار می‌رود که فردی در یک موضوعی اشتباه کرده و دوباره شما آن مسئله را به او بسپارید.

معنی به فارسی:

وقتی کسی کاری را درست انجام نمی‌دهد، آن کار را نباید دوباره به او دهید.

Exact translation into English:

Testing the tested is a mistake.

Usage, Explanation:

It's unnecessary to doubt someone or something that has already proven reliable.

English Equivalent:

Once bitten, twice shy.

۳۰

آسمون هر جا بری یه رنگه.

موارد استفاده:
هر جا که بروی گرفتاری و مشکلات تو وجود دارد و یعنی در واقع، مشکل هست اما باعث پایان زندگی نمی‌شود و ما باید زندگی کنیم، مشکلات بخشی از زندگی هر انسانی است.

معنی به فارسی:
هر جا که باشی وضع همینه.

Exact translation into English:

The sky has the same color everywhere.

Usage, Explanation:

All paths eventually lead to the same result.

English Equivalent:

All roads lead to Rome!

31

آستین نو بخور پُلو!

موارد استفاده:

مردم به لباس خوب آدم و ظاهر او احترام می‌گذارند.

معنی به فارسی:

ظاهربینی افراد جامعه را بیان می‌کند.

Exact translation into English:

New sleeve, eat rice.

Usage, Explanation:

People respect those who wear good clothes and appear wealthy.

English Equivalent:

Clothes make the man!

32

آش دهن سوزی نیست!

موارد استفاده:

زمانی به کار میرود که با آنچه که انتظار داشتند روبرو نشدند و سطح آن پایین‌تر باشد و چشم‌گیر نباشد.

معنی به فارسی:

خیلی تعریفی ندارد.

Exact translation into English:

The soup isn't mouth burning.

Usage, Explanation:

It's not as challenging or difficult as it seems.

English Equivalents:

It's not rocket science!

or

It's a piece of cake!

آش کشک خالَته، بخوری پاته، نخوری پاته!

موارد استفاده:
این ضرب‌المثل زمانی به کار می‌رود که کسی بخواهد از زیر کاری به بهانه‌ای در برود اما در هر حال همه فکر می‌کنند آن کار را انجام داده است.

معنی به فارسی:
این کار را باید انجام دهی چه دلت بخواهد چه دلت نخواهد.

Exact translation into English:

It's auntie's Kask soup whether you eat it or not, you're stuck with it.

Usage, Explanation:

You have to accept a condition or situation, whether you like it or not.

English Equivalents:

Put that in your pipe and smoke it!
or
You must grin and bear it!

۳۴

آش نخورده و دهن سوخته!

موارد استفاده:
زمانی کاربرد دارد که شخصی گناهی انجام نداده اما به اشتباه، دیگران تصور می‌کنند، او گناه کار است.

معنی به فارسی:
خطا نکرده و سرزنش می‌شود.

Exact translation into English:
Uneaten soup and a burned mouth.

Usage, Explanation:
This applies to situations where someone gets in trouble for an action they haven't committed, when a person is punished for someone else's crime or mistake.

English Equivalent:
Taking the fall for someone else!

35

آشپز که دو تا شد، آش یا شور می‌شه یا بی نمک!

موارد استفاده:

زمانی که افراد غیر حرفه‌ای یک کار را انجام می‌دهند و مدیریت درستی در انجام آن کار نباشد. نتیجه‌ی آن کار درست نمی‌شود.

معنی به فارسی:

تأثیرگذاری پیوند مدیریت متعّهد، دلسوز و پشتیبان بر نتیجه‌ی کار است.

Exact translation into English:

When the cook is divided, the food is either salty or unsalted.

Usage, Explanation:

If too many people are involved in a task or activity, it will not be done properly.

English Equivalent:

Too many cooks spoil the broth!

36

آفتابه خرج لحیم کردن!

موارد استفاده:

زمانی که برای یک وسیله‌ای که ارزش ندارد پول زیادی بدهیم.

معنی به فارسی:

هزینه‌های فکر نشده برای شیء بی‌ارزش.

Exact translation into English:

Spending an Aftabeh[1] on solder.

Usage, Explanation:

Spending too much money or effort on something that isn't worth it.

English Equivalent:

The game is not worth the candle!

1- «Aftabeh» is explained as a «traditional Persian water container» for clarity, since the word may not be familiar to non-Persian speakers.

۳۷

آن را که حساب پاک است از محاسبه چه باک است!

موارد استفاده:
این ضرب‌المثل برای کسانی است که کار خلافی مرتکب نشده‌اند اما براساس سوء تفاهم‌هایی که ایجاد شده، او را گناهکار می‌دانند ولی او هیچ اضطرابی به دلش راه نمی‌دهد زیرا به نیت پاک خود اطمینان دارد.

معنی به فارسی:
کسی که زندگی سالم دارد هرگز نگران چیزی نیست!

Exact translation into English:
When your account is clean, you have no fear of audit.

Usage, Explanation:
When you have lived a righteous and honorable life, you should not be afraid of anything.

English Equivalent:
A clear conscience fears no accusation!

38

آن را که عقل دادی، پس چه ندادی؟
و آن را که عقل ندادی، پس چه دادی؟

موارد استفاده:
مقصود از این‌که عقل بالاترین و با فضیلت‌ترین چیزی است که خداوند برای بندگان قسمت نموده.

معنی به فارسی:
کسی که عقل دارد همه چیز دارد.

Exact translation into English:

To whom you gave wisdom, you gave everything, and to whom you did not give wisdom, you gave nothing.

Usage, Explanation:

This Proverb is used to emphasize that wisdom is one of the most important things in life.

English Equivalent:

With wisdom, you have everything!

آنجا که عیان است، چه حاجت به بیان است!

موارد استفاده:
زمانی به کار می‌رود که چیزی را که دیده‌ایم و نیاز به توضیح ندارد از ما تقاضا کنند که شرح دهیم.

معنی به فارسی:
چرا باید توضیح بدهم وقتی که خودت دیدی.

Exact translation into English:
That which is obvious needs no words.

Usage, Explanation:
When something is clear and it needs no further explanation.

English Equivalents:
A picture is worth a thousand words!

or

The facts speak for themselves!

آنچه به خود نپسندی، به دیگران نپسند!

موارد استفاده:
طوری با دیگران رفتار کن که دوست داری با تو آن طور رفتار شود.

معنی به فارسی:
آن چیزی که خود نمی‌پسندی به دیگران نده!

Exact translation into English:

What you don't like for yourself, don't like it for others.

Usage, Explanation:

Think about others the way you want to be thought of. Speak to others the way you want to be spoken to. Don't give others something you wouldn't want yourself.

English Equivalent:

Treat others the way you want to be treated!

۴۱

آنچه در آینه جوان بیند، پیر در خشت خام بیند!

موارد استفاده:

پیران به واسطه تجربه خود روشن‌بین‌تر از جوانان هستند.

معنی به فارسی:

پیرها به علت داشتن تجربه‌ی زیاد، مسایل را بهتر از جوان‌ها حل می‌کنند.

Exact translation into English:

What the young man sees in the mirror, the old man sees in raw clay.

Usage, Explanation:

Older people are more experienced so they can solve problems easier, compared to younger people.

English Equivalent:

They that live longest, see most!

آنچه دلم خواست نه آن شد، آنچه خدا خواست همان شد!

موارد استفاده:
زمانی به کار می‌رود که کارها مطابق با خواسته ما انجام نمی‌شوند و در اخر می‌بینیم انچه به صلاح و خیر ماست اتفاق می‌افتد.

معنی به فارسی:
هرچند آرزو و خواسته‌ام چیز دیگری بود، اما در نهایت، چیزی اتفاق افتاد که تقدیر و خواست خداوند بود و همان هم تحقق یافت.

Exact translation into English:
What I wanted did not happen and what God wanted happened.

Usage, Explanation:
Plans don't always go our way, in the end, it's God's will that happens.

English Equivalent:
Man proposes God disposes!

43

آنچه نپاید، دلبستگی را نشاید!

موارد استفاده:
انسان خود را وابسته زیبایی‌های فریبنده دنیا نکند.

معنی به فارسی:
چیزی یا کسی که عمر جاودان ندارد نباید به آن دل بست!

Exact translation into English:

Don't get attached to what is not lasting.

Usage, Explanation:

Don't become emotionally invested in things that are temporary.

English Equivalent:

Don't set your heart on what is not lasting!

آنقدر مار خورده، افعی شده!

موارد استفاده:

آنقدر سختی‌ها را تحمل کرده، که شخصی با تجربه و کارآزموده شده است و دیگر مشکلات او را شکست نمی‌دهد.

معنی به فارسی:

آنقدر در زندگی آسیب دیده که حالا خودش به دیگران آسیب می‌زند.

Exact translation into English:

He has eaten so many snakes that he has turned into a viper.

Usage, Explanation:

He has been hurt so much in life that he now harm others.

English Equivalent:

What doesn't kill you makes you dangerous!

45

آن کس که نداند و نداند که نداند،

در جهل مرکب اَبَدُالدَهر بماند!

موارد استفاده:

کار نادرست را نادرست انجام دادن است.

معنی به فارسی:

کسی که دانش ندارد و نمی‌داند که دانش ندارد تا آخر عمر بی‌سواد بماند.

Exact translation into English:

He who does not know and does not know that he does not know will remain in ignorance forever.

Usage, Explanation:

if someone doesn't realize they lack knowledge, they'll never try to learn and remain ignorant.

English Equivalent:

You can't learn what you think you already know!

46

آواز دُهُل شنیدن از دور خوش است!

موارد استفاده:
تا از نزدیک چیزی را خودت ندیدی و تجربه نکردی به خوب بودن آن اعتماد نکن.

معنی به فارسی:
وقتی که صدایی یا چیری از دور خوش است ولی از نزدیک گوش خراش است.

Exact translation into English:

The sounds of Dohol[1] are pleasant from a way.

Usage, Explanation:

This proverb is used when something looks attractive from after but turns out to be disappointing close up or when you get to experience it yourself.

English Equivalents:

The grass is always greener on the other-side!

or

Blue are the hills that are far away!

1- Dohol or Dhol: a large, double-headed drum, traditionally used in folk music for creating rhythmic beats during celebrations and ceremonies.

47

آن ورق برگشت!

موارد استفاده:
زمانی به کار می‌رود که یه دوره بد به پایان برسد و دوران خوشی آغاز شود

معنی به فارسی:
آن دوره تمام شد. آن شرایط عوض شد.
فصل جدید از کتاب زندگی آغاز شد.

Exact translation into English:

The page has turned.

Usage, Explanation:

We use it when something is different and it's not the same.

This proverb is used when a bad time ends and a newsletter phase begins, or when circumstances shift drastically.

English Equivalent:

The tables have turned!

48

احتیاج، مادر اختراع است!

موارد استفاده:
تا نیازی نیفتد، چیزی اختراع نمی‌شود.

معنی به فارسی:
وقتی نیازمند هستی، چیز جدید تولید می‌کنی.

Exact translation into English:

Necessity is the mother of invention.

Usage, Explanation:

When in need, people are pushed to come up with creative such as inventing.

English Equivalent:

Necessity is the mother of invention!

۴۹

از آب کره گرفتن!

موارد استفاده:
به کسی می‌گویند که بیش از حد خسیس و تنگ نظر است و در هر مسئله‌ای به فکر جلب منفعت برای خود است نه دیگران.

معنی به فارسی:
در بحرانی‌ترین شرایط هم او به فکر سود خودش است.

Exact translation into English:

To get butter out of water.

Usage, Explanation:

It is pointless to expect positive results from someone or something that doesn't have the will, the ability or the resources.

English Equivalent:

To squeeze blood from a stone!

To milk something for all it's worth!

از آب و گِل در اومده.

موارد استفاده:

زمانی به کار می‌رود که کودکی مراحل اولیه‌ی شکل‌پذیری را پشت سر گذاشته است.

معنی به فارسی:

وقتی که کودک بزرگ می‌شود.

Exact translation into English:

Getting out of water and mud.

Usage, Explanation:

This proverb is used when someone, grow up and becomes an adult.

English Equivalent:

To come of age!

از آن نترس که های و هو دارد، از آن بترس که سر به تو دارد!

موارد استفاده:
از آن که همیشه سر و صدا دارد و به شلوغ بودن معروف است، نترس بلکه از کسی بترس که آرام و بی‌صداست اما در خفا کارهایی می‌کند که ضررش بیشتر است.

معنی به فارسی:
از آدمی که سر و صدا می‌کنه نترس، از آدم ساکت باید بترسی.

Exact translation into English:
Don't fear the one who makes noise, fear the one who stays quiet.

Usage, Explanation:
People who talk loudly and make a scene are often harmless. It's quiet ones who might be more dangerous.

English Equivalent:
Still waters run deep!

۵۲

از این امامزاده کسی همچنین معجزه‌ای ندیده بود!
این امام زاده کور می‌کنه که شفا نمی‌ده!

موارد استفاده:

وقتی کسی ناگهان ادعای بزرگ یا غیرمنتظره‌ای می‌کند، در حالی که سابقه یا اعتبارش آن را توجیه نمی‌کند..

معنی به فارسی:

امیدوار به کمک این آدم نباش!

Exact translation into English:

No one has seen any miracle from this shrine.

Usage, Explanation:

When someone suddenly makes a big or unexpected claim, without having the background or credibility to support it.

English Equivalent:

Don't except water from a dry well!

از این جا مونده و از اون جا رونده!

موارد استفاده:
به کسی می‌گویند که همه راه‌ها و درها به سویش بسته شده و امیدش ناامید گشته است.

معنی به فارسی:
نه می‌تونی جلو بری و نه عقب.

Exact translation into English:

Left out of here and pushed out there.

Usage, Explanation:

This proverb is used for someone who is caught between two options and ends up benefiting from neither.

English Equivalent:

To fall between two stools!

54

از این ستون به اون ستون فرجه!

موارد استفاده:

یعنی گاهی با تغییر موضع و موقعیت قبلی خود در زندگی می‌توان به موفقیت دست یافت.

معنی به فارسی:

گذشت زمان می‌تواند برای حل مشکل تو مؤثر واقع شود.

Exact translation into English:

From this pillar to that pillar is a blessing.

Usage, Explanation:

We use it when we continue to hope that something will happen, although it seems unlikely.

English Equivalents:

Let's wait it out.

or

Time heals all wound!

۵۵

از بی‌کفنی زنده اس!

موارد استفاده:
زمانی به کار می‌رود که فردی هیچ پولی را خرج نمی‌کند و با این روال زندگی خود را می‌گذراند.

معنی به فارسی:
خیلی خسیس است.

Exact translation into English:

He is alive because he couldn't afford a shroud.

Usage, Explanation:

Used for someone who is so stingy that they spend nothing, not even on essentials.

English Equivalent:

He couldn't spend a penny to save his life!

56

از این گوش می‌گیره، از اون گوش در می‌کنه!

موارد استفاده:

یعنی کسی که به پند و گفته‌های افراد عاقل گوش فرا نمی‌دهد، شنونده‌ای که به نصیحت یا حرف دیگران بی‌اعتنایی کند، گویی که آن‌ها را نمی‌شنود.

معنی به فارسی:

بی‌توجهی به پند و اندرز افراد عاقل و دلسوز.

Exact translation into English:

It goes in one ear and out the other!

Usage, Explanation:

When people receive advice but ignore it and don't follow it.

English Equivalent:

Goes in one ear and out the other!

56

GOES IN ONE EAR   OUT THE OTHER

از ترس مار، رفت تو دهن اژدها!

موارد استفاده:
زمانی استفاده می‌شود که در عین داشتن مشکلی مشکل بزرگتری گریبان‌گیر انسان شود.

معنی به فارسی:
کسی که به خیالش می‌خواهد از مشکلی رد بشود ولی مشکل بزرگتری پیش می‌آید.

Exact translation into English:

Entering the dragon's mouth out of fear of the snake.

Usage, Explanation:

Running away from a bad situation to a worse one.

Used when someone escapes a small danger or difficulty only to fall into a much more serious one.

English Equivalent:

Out of the frying pan into the fire!

از پَر کلاهِش رد شد!

موارد استفاده:

زمانی به کار می‌رود که شما از کنار شخصی بد و خطرناک به سلامتی گذر کنید.

معنی به فارسی:

از کنار کسی که خطرناک است بدون آسیب عبور کردند.

Exact translation into English:

To pass by the feather on someone's hat.

Usage, Explanation:

This proverb is used when someone narrowly escapes a dangerous situation while being very close to the danger.

English Equivalents:

A close shave!

or

Dodged a bullet!

از پی هر گریه آخر خنده‌ای است!

موارد استفاده:

زمانی کاربرد دارد که فردی بعد از سختی‌های بسیار و طولانی به خوشی و راحتی می‌رسد و غمی ندارد.

معنی به فارسی:

وقتی که ناراحتی، بدون به خوشحالی می‌رسی.

Exact translation into English:

After every cry, in the end, there is a laugh.

Usage, Explanation:

This proverb is used to comfort someone going through a tough time, reminding them that their sadness won't last forever and better days are ahead.

English Equivalent:

After the storm comes the calm!

۶۰

از خرِ شیطون بیا پایین!

موارد استفاده:
از خر شیطان پایین آمدن یعنی دست از کارهای ابلهانه یا تصمیم خطرناک و احمقانه برداشتن.

معنی به فارسی:
تصمیم نادرست نگیر. زیرا کسی که به اصطلاح «سوار خر شیطان شود» مطیع و فرمان اوامر شیطان خواهد شد.

Exact translation into English:
Don't ride the Satan's donkey.

Usage, Explanation:
Don't escalate the conflict and make things worse.

English Equivalent:
Don't add fuel to the fire!

61

از دور دل می‌بره از نزدیک زهره!

موارد استفاده:

کسی یا چیزی که از دور خوب و جذاب باشد، اما از نزدیک بد، زشت و ناخوش‌آیند.

معنی به فارسی:

شوکه شدن از دیدن چیزی و یا کسی که انتظارش را نداشته باشید.

Exact translation into English:

She is attractive from afar but when you get close she is like poison.

Usage, Explanation:

Something or someone may seem appealing from a distance, but once you experience it up close, it turns out to be disappointing or harmful.

English Equivalents:

All that glitters is not gold!
or
Looks can be deceiving!

62

از دیو دو سر نمی‌ترسه.

موارد استفاده:
زمانی کاربرد دارد که با فردی بسیار دلیر و نترس در مقابل مشکلات روبرو می‌شویم.

معنی به فارسی:
خیلی شجاع.

Exact translation into English:

He is not afraid of a two-headed demon.

Usage, Explanation:

Someone who is so brave.

Used to describe somebody who shows no fear, even in the face of extreme danger.

English Equivalent:

He is as brave as a lion!

faria

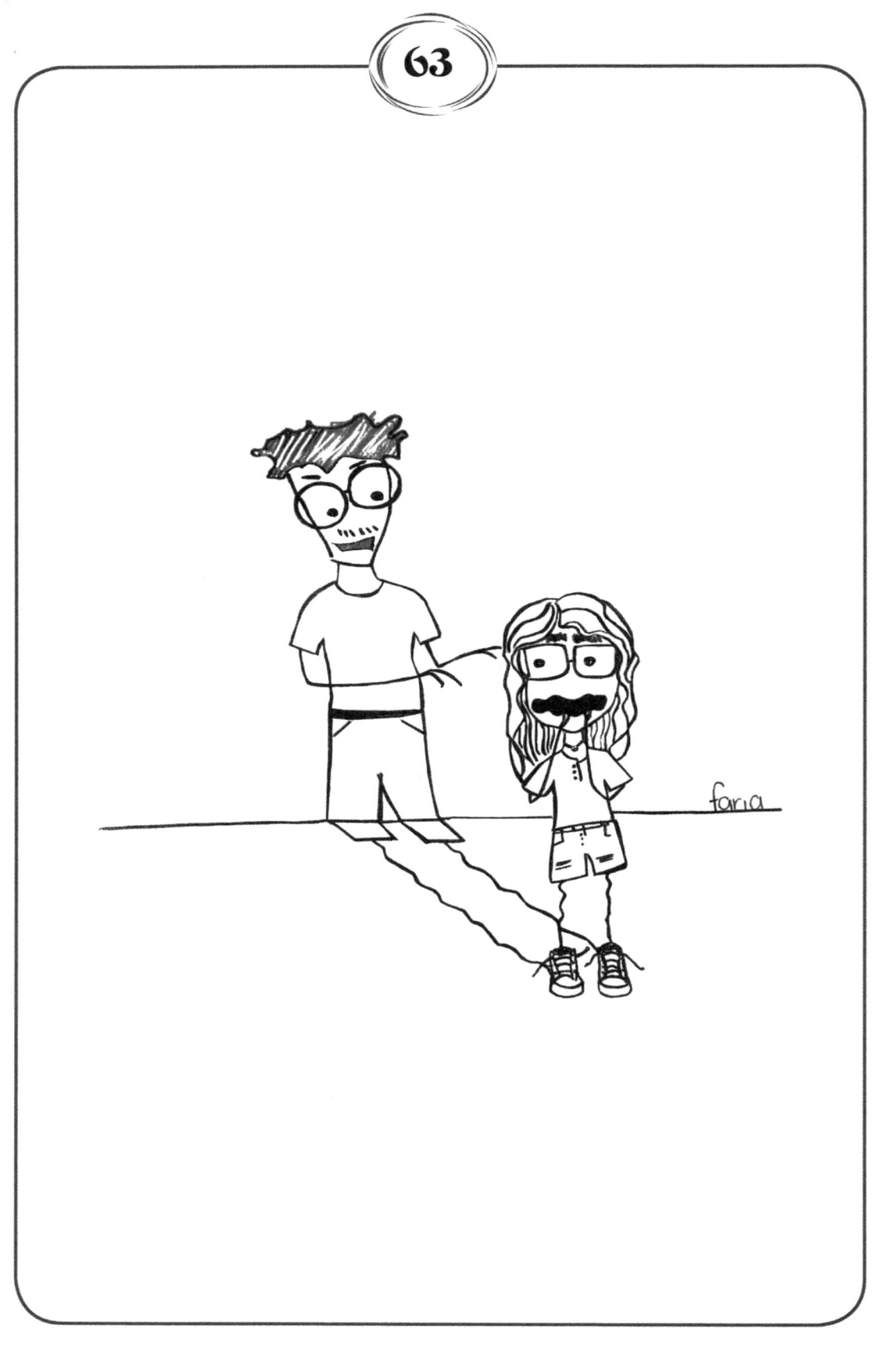

از سایه خودش می‌ترسه (رَم می‌کنه)!

موارد استفاده:
هرگاه با فردی بسیار ضعیف و ترسو روبرو شویم از این ضرب‌المثل استفاده می‌شود.

معنی به فارسی:
خیلی آدم ترسویی است.

Exact translation into English:

He is afraid of his shadow.

Usage, Explanation:

Used to describe someone who is extremely fearful and timid.

English Equivalent:

Be afraid of your own shadow!

۶۴

از سَر ما هم زیاده!

موارد استفاده:
زمانی کاربرد دارد که به فردی بیش‌تر از حد انتظارش چیزی را بدهی و او بسیار خوشحال و شگفت زده شود.

معنی به فارسی:
وقتی چیزی می‌دهی به کسی و فکر می‌کنی کافی نیست ولی او فکر می‌کند بیشتر از کافی است.

Exact translation into English:

It's more than we deserve.

Usage, Explanation:

Said when someone is given something so good that they feel like they don't deserve it.

English Equivalents:

It is out of our league!

or

More than we could ask for!

از سیر تا پیاز

موارد استفاده:
زمانی کاربرد دارد که مطلبی بدون کاستی و با تمام جزییات روی داده ارائه و بیان شود.

معنی به فارسی:
وقتی داستانی را با همه جزئیات بیان کند.

Exact translation into English:

From garlic to onion.

Usage, Explanation:

Used when someone tell every single detail of something, explaining it from beginning to end.

English Equivalent:

From A to Z!

از شاخی به شاخی می‌پره!

موارد استفاده:

برای فردی کاربرد دارد که در انتخاب هدف و مسیر خود دچار تردید است و نمی‌تواند یک مسیر واحد را انتخاب و تا آخر ادامه دهد.

معنی به فارسی:

وقتی مسیر زندگی خود را مرتب عوض می‌کنی.
وقتی کاری را کامل انجام نمی‌دهی و نصفه می‌گذاری و می‌روی.

Exact translation into English:

Jumping from one branch to another.

Usage, Explanation:

Used when someone constantly changes direction, goals, or plan without finishing anything.

English Equivalent:

Chop and change!

67

از شیر مادر حلال تره!

موارد استفاده:
چیزی که در تعلق آن به کسی تردیدی نیست.

معنی به فارسی:
پولی که برای در آوردنش، سختی و زحمت کشیده شده است.

Exact translation into English:

More halal[1] than a mothers milk.

Usage, Explanation:

Something that rightfully belongs to someone often referring to honestly earned money or property.

English Equivalents:

Rightfully theirs!

or

Earned fair and square!

1- Halal: In general, "halal" refers to anything that is allowed and permissible according to Islamic law, whether it's food, actions, or practices.

۶۸

از فضل پدر ترا چه حاصل!

موارد استفاده:
این ضرب‌المثل را زمانی می‌گویند که کسی به افتخارات یا جایگاه پدرش فخر می‌فروشد، اما خودش کاری نکرده یا شایستگی‌ای ندارد.

معنی به فارسی:
یعنی افتخار کردن به نیکی‌ها، علم، یا مقام پدر برای فرزند فایده‌ای ندارد. ارزش و اعتبار هر فرد به علم و هنر سرمایه وجودی خود اوست نه به فضائل پدر یا اصل و نسبش.

Exact translation into English:
What benefit have you gained from your father's virtue?

Usage, Explanation:
Used when someone boasts about their family background or depends on their father's reputation instead of proving their own abilities.

English Equivalents:
Like father, not necessarily like son.
A father's fame won't make the son great.

از غورگی مویز شده!

موارد استفاده:
برای فردی به کار می‌رود که از دوران کودکی و خامی درآمده و به دوران بزرگسالی و پختگی وارد شده است.

معنی به فارسی:
از بچه‌گی و یا جوانی در آمده و بالغ شده است.

Exact translation into English:

They turned into raisins from being sour grape.

Usage, Explanation:

Somebody who grown up or matured (gone from childhood to adulthood).

English Equivalent:

Coming of age!

از کرامات شیخ ما اینه که شیره را خورد و گفت شیرینه!

موارد استفاده:
توضیح واضحات‌اند اگر با خواندن آن‌ها به خنده می‌افتیم به این دلیل است که آن را کاملاً واضح می‌دانیم و نیازی به تأکید بر آن نمی‌بینیم.

معنی به فارسی:
شیخ و آن مرد بزرگ بر این باور است که با خوردن شیره، دهانش شیرین شده است!

Exact translation into English:
One of the miracles of our Sheikh[1] is that he ate the syrup and claimed it was sweet.

Usage, Explanation:
If you say that someone is stating the obvious, you mean that they are saying something that everyone already knows and understands.

English Equivalent:
Stating the obvious!

1-«Sheikh» is a title that means a respected elder, leader, or scholar, especially in Islamic or Arab culture.

71

از کوزه همان برون تراوَد که در اوست!

موارد استفاده:
آداب و رفتار انسان‌ها نشان دهنده چیزی است که در درون فرد وجود دارد.

معنی به فارسی:
رفتار و گفتار آدم‌ها شاهد، درون آنهاست.

Exact translation into English:

What comes out of the jar is what is inside it.

Usage, Explanation:

People behave according to their dignity and personality.

English Equivalent:

What can you expect from a hog but a grunt!

از هر دست بدی از همون دست پس می‌گیری!

موارد استفاده:
این مثل توضیح قانون کارما است. هر کسی با عمل خویش سرنوشت خود را رقم می‌زند.

معنی به فارسی:
کارهای خوب و بد انسان در زندگی به شخص برمی‌گردد.

Exact translation into English:
From whatever hand you give, you will receive from the same hand.

Usage, Explanation:
If you treat other people badly you will eventually be treated the same way. Your action will come back to you.

English Equivalent:
What goes around, comes around (karma)!

ادب از که آموختی از بی ادبان!

موارد استفاده:
زمانی به کار می‌رود که ما با دیدن کارهای زشتی که دیگران مرتکب می‌شوند به بد و ناپسند بودن آن کارها پی می‌بریم.

معنی به فارسی:
وقتی که کارهای بی‌ادبان را انجام ندهی، با ادب می‌شوی.

Exact translation into English:

Where did you learn manners? From rude people.

Usage, Explanation:

When we witness bad behavior, we recognize it's ugliness and avoid doing the same ourselves.

English Equivalent:

Even a bad example can be a good lesson!

این حرف‌ها برای فاطی تنبون نمی‌شه!

موارد استفاده:
زمانی به کار می‌رود که بخواهیم بی‌نتیجه بودن و بی‌فایده بودن کاری و یا حرفی را نشان دهیم.

معنی به فارسی:
گفتن حرف و یا انجام کارهای بیهوده که برای هیچ‌کس سودی ندارد.

Exact translation into English:

These words won't become trousers for Faati[1].

Usage, Explanation:

Making excuses or just talking won't solve the problem.

English Equivalent:

Actions speak louder than words!

1- Faati= Short for the female persian name Fatemeh.

75

این گوری که براش گریه می‌کنی، مُرده نداره!

موارد استفاده:
برای کسی که ارزش نداره، ارزش قائل شدن.
انتظار از کسی داری که اصلاً شایسته نیست و یا غصه چیزی را می‌خوری که ارزش نداره.

معنی به فارسی:
پوچ و بی‌ثمر بودن یک انتظار و تلاش است.

Exact translation into English:

This grave that you are crying over does not have a dead person.

Usage, Explanation:

To be mistaken about cause of the problem or the way to solve it.

English Equivalent:

Barking up the wrong tree!

۷۶

این شتری که دم درخونه همه می‌خوابه!

موارد استفاده:

بیشتر مواقع منظور مرگ است. یعنی این اتفاق برای همه پیش می‌آید. این ضرب‌المثل در مواردی استفاده می‌شود که می‌خواهیم به شخصی تذکر دهیم که شرایط همیشه یکسان نمی‌ماند و عمر جاودانه نیست و مرگ بالاخره برای همه‌ی انسان‌ها اتفاق می‌افتد.

معنی به فارسی:

اعلام خبر ناگوار و سنگین مخصوصاً مرگ عزیزان.

Exact translation into English:

The camel that sleeps at everyone's house.

Usage, Explanation:

Some things are bound to happen to everyone, and there is no escaping them. (Usually referring to death.)

English Equivalent:

No one can escape fate!

faria

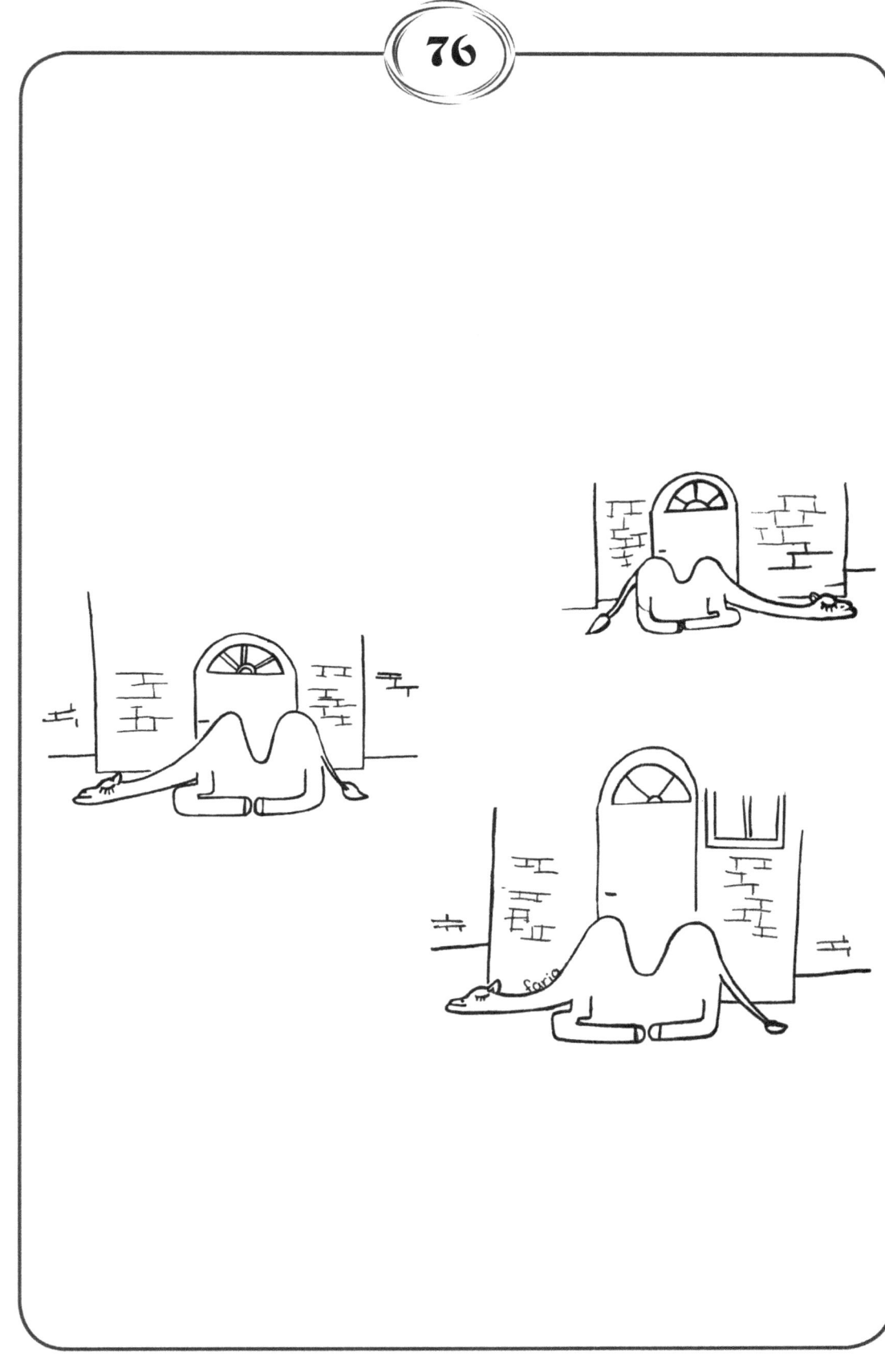

اولین قدم همیشه سخترین قدمه!

موارد استفاده:

زمانی کاربرد دارد که شخصی بخواهد مسیر و هدف جدیدی را انتخاب کند و برای شروع ترس و واهمه دارد.

معنی به فارسی:

شروع هر کاری سخت‌ترین قسمت آن است.

Exact translation into English:

The first step is always the hardest.

Usage, Explanation:

Starting something new is often the most difficult part of a journey.

English Equivalent:

The first step is always the hardest!

این همه خَر هست، ما چرا پیاده می‌ریم!

موارد استفاده:
زمانی شخصی بخواهد از دیگران در جهت کارهای خود سو استفاده کند این ضرب‌المثل را به کار می‌برد.

معنی به فارسی:
افرادی هستند که از شدّت سادگی به دیگران کولی می‌دهند.

Exact translation into English:

There are so many donkeys, so why should we walk?

Usage, Explanation:

Some people are so simple or naive that they let others take advantage of them.

English Equivalent:

Why do the work yourself when you can get someone else to do it!

با حلوا حلوا کردن، دهن شیرین نمی‌شه!

موارد استفاده:
تو فقط با حرف زدن و فکرکردن در مورد کاری نمی‌توانی در آن موفق شوی بلکه برای موفقیت به تلاش و عمل نیاز است.

معنی به فارسی:
با تعریف و تعارف و تصور مزه شیرین، حلوا به دهان‌مان نمی‌آید. آرزوها و حرف‌های شیرین و دوست داشتنی هم همین طور است.

Exact translation into English:
Saying "halva, halva" does not sweeten the mouth.

Usage, Explanation:
Success requires action, not just words.

English Equivalents:
Wishes don't wash dishes!
or
Actions speak louder than words!

با دست پس می‌زنه، با پا پیش می‌کشه!

موارد استفاده:
به کسی گفته می‌شود که رفتار دو پهلو داشته باشد یعنی در ظاهر از کسی یا چیزی دوری و خودداری کرده و بی‌میلی نشان دهد اما در واقع به آن تمایل داشته باشد.

معنی به فارسی:
چیزی می‌خواهد ولی نمی‌گوید.

Exact translation into English:

He pushes away with his hand but pulls in with his foot.

Usage, Explanation:

Used when someone pretends not to want something when they actually do.

English Equivalents:

Playing hard to get!

or

Playing hot and cold!

faria

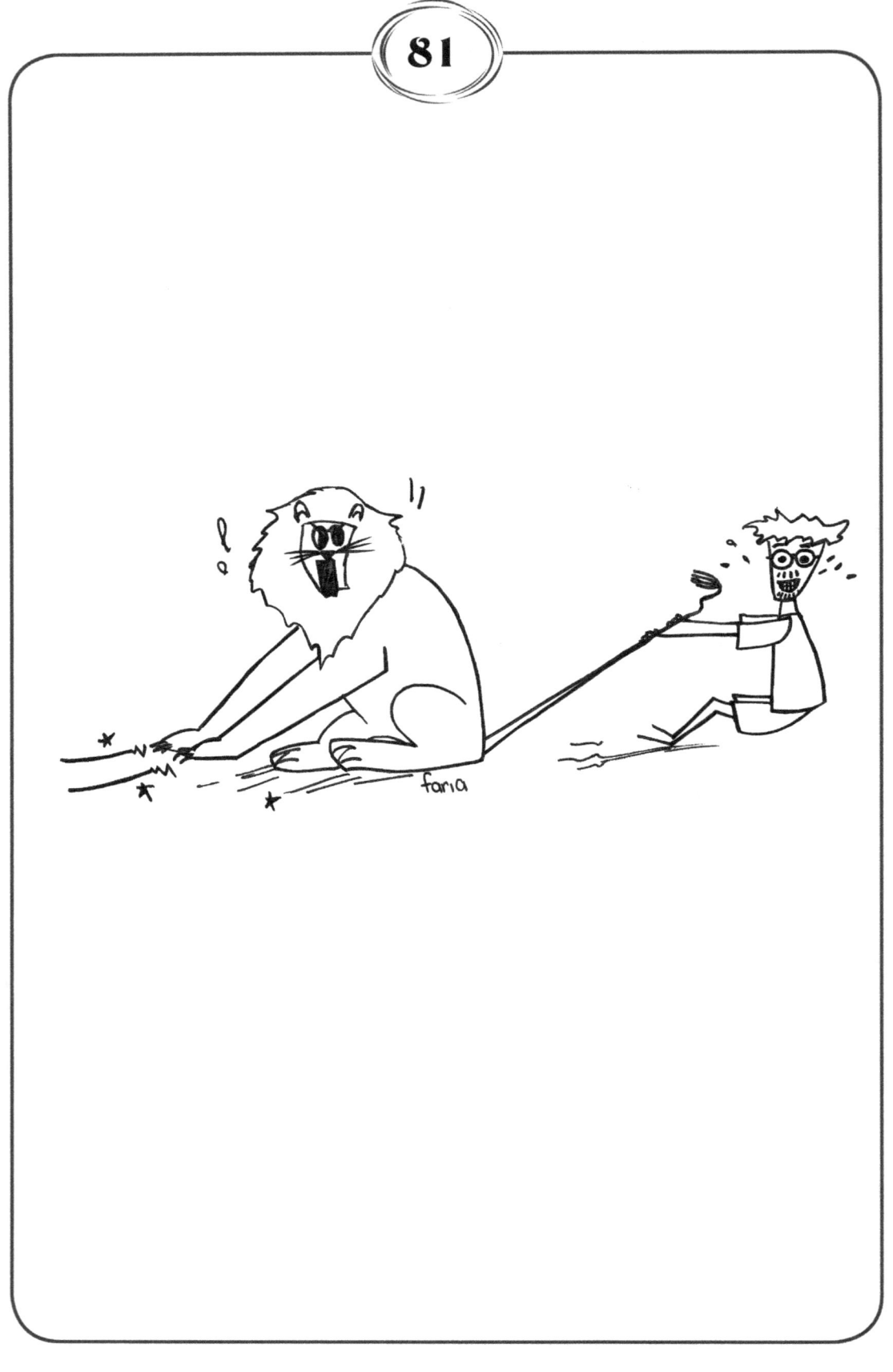

بازی بازی؛ با دم شیر هم بازی؟!

موارد استفاده:
اشاره به فرد یا نیرویی که قوی و خطرناکه و نباید باهاش در افتاد.

معنی به فارسی:
کاری نکن که باعث خشم یا واکنش خطرناک کسی یا چیزی بشی.

Exact translation into English:

Don't play with a lion's tail.

Usage, Explanation:

This proverb is a warning. It means don't provoke or challenge someone who is powerful, dangerous, or easily angered, because doing so could lead to serious consequences.

English Equivalent:

Don't poke the bear!

بازی بازی؛ با ریشِ بابا هم بازی؟!

موارد استفاده:
۱. جدی باش و این موضوع را شوخی نگیر.
۲. زمانی کسی کار خطرناکی را انجام می‌دهد و متوجه این خطر نیست.

معنی به فارسی:
همه چیز را به خوشی و خنده گرفتن و جوانب را رعایت نکردن.

Exact translation into English:

You play around, now you want to play with dad's beard?

Usage, Explanation:

Used as warning to stop fooling around before it goes too far.

English Equivalent:

Don't play with fire!

باید بسوزی، بسازی!

موارد استفاده:
زمانی فردی مسیر و هدفی را انتخاب کرده است و باید تا انتها همه‌ی سختی‌های آن را بپذیرد و تحمل کند.

معنی به فارسی:
نشان دهنده و یادآور صبوری در مشکلات و پذیرش سختی‌ها است.

Exact translation into English:
You have to burn and compromise.

Usage, Explanation:
When you choose a path or a goal, you must endure hardships without complaining.

English Equivalent:
You must grin and bear it!

با یک دست نمی‌شه دو تا هندوانه برداشت!

موارد استفاده:

یعنی نمی‌توان در یک زمان دوتا کار مهم را باهم انجام داد.

معنی به فارسی:

انجام کارها باتوجه به توان و ظرفیت هر فرد است.

Exact translation into English:

You cannot pick two watermelons with one hand

Usage, Explanation:

You can't do everything yourself, It's better to get help.
Not everything can be done by yourself, It's best to get help.

English Equivalent:

You can't chase two rabbits at once.

faria

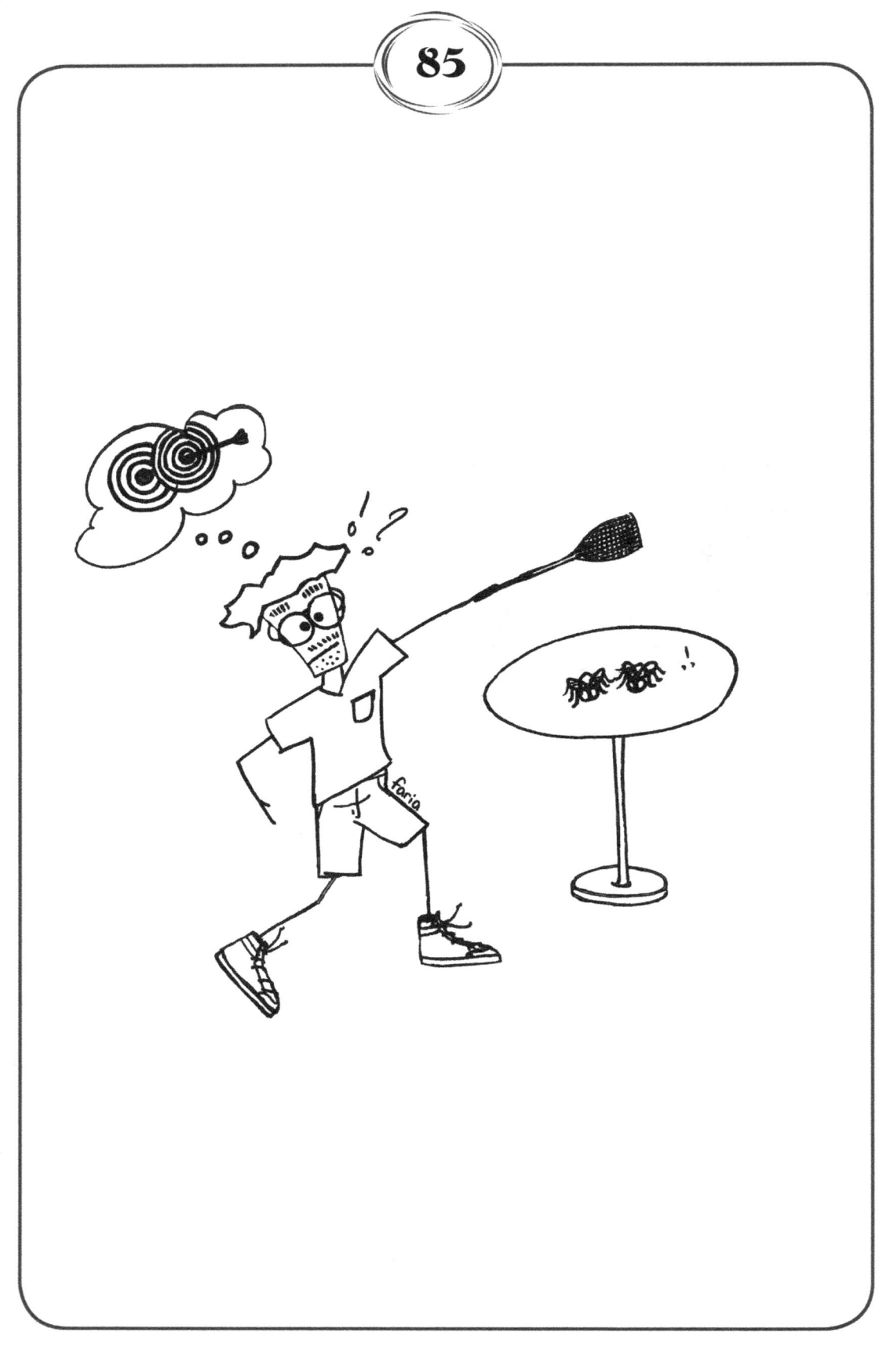

۸۵

با یک تیر، دو نشان زده!

موارد استفاده:

۱. زمانی به کار می‌رود که فرد با انجام یک کار به دو دستاورد عالی رسیده است.

۲. هر وقت کسی کاری کند که کارش دو فایده‌ی متفاوت داشته باشد می‌گویند با یک تیر دو نشان زده است.

معنی به فارسی:

با یکبار تمرکز و دقت، به دو نتیجه عالی می‌رسی.

Exact translation into English:

Hitting two targets with one arrow.

Usage, Explanation:

When you accomplish two goals with a single effort.

English Equivalent:

Kill two birds with one stone!

بُزک نَمیر، بهار می‌آد؛ کُمبُزه با خیار می‌آد!

موارد استفاده:
دادن وعده‌های سر خرمن از سر خِساست به کسی است.

معنی به فارسی:
کسی بخواهد دیگری را با وعده دور و دراز، از سر وا کند.

Exact translation into English:

Hey goat, don't die, spring comes, the melon comes with cucumbers.

Usage, Explanation:

Used when someone gives false hope to comfort someone who is struggling in the present.

English Equivalent:

While the grass grows, the horse starves!

بزنم به تخته!

موارد استفاده:

فرد پس از آن که یک موضوع مورد علاقه‌اش به وقوع پیوست یا سخن مثبتی در رابطه به خود بر زبان آورد، برای دوری از بد یُمنی با دست به یک تکه چوب می‌زند یا آن را لمس می‌کند.

معنی به فارسی:

نوعی از خرافه‌های فولکلور اروپایی دورگر شر یا بلاگردان است.

Exact translation into English:

Hit the board.

Usage, Explanation:

This proverb is said to avoid bad luck after mentioning something positive or fortunate.

English Equivalent:

Knock on wood!

به اسبِ مرده لگد نمی‌زنن!

موارد استفاده:
دشمنی کردن و قصد تلافی بدی انسان‌های ناتوان و بدبخت.

معنی به فارسی:
اصرار به انتقام از افراد ناتوان که نتیجه‌ای ندارد.

Exact translation into English:
You don't kick a dead horse.

Usage, Explanation:
Wasting time and effort on something that cannot be changed.

English Equivalent:
Beating a dead horse!

89

به روباه می‌گن: "شاهدت کیه؟" می‌گه: "دُمَم!"

موارد استفاده:

زمانی به کار می‌رود که فردی دروغ می‌گوید و شخص دیگر حرف‌های او را باور نمی‌کند و از او دلیل می‌خواهد تا باور کند. فرد دروغگو برای ثابت کردن حرفش یکی از دوستان هم دستش را معرفی می‌کند.

معنی به فارسی:

درباره افراد دروغ‌گو یا خیال‌باف است. که برای اثبات حقیقت سخن خود، دوست صمیمی خود را به گواهی بگیرد.

Exact translation into English:

They say to the fox, "Who is your witness?" He says, "My tail."

Usage, Explanation:

When you lie to someone and they don't believe you so you tell them to ask someone who will cover you.

English Equivalent:

A liar's best witness is himself!

به دلم بَرات شده بود!

موارد استفاده:
زمانی کاربرد دارد که شخصی یک اتفاق را قبل از وقوع آن احساس کرده باشد و بداند اتفاق می‌افتد.

معنی به فارسی:
پیش بینی حوادث و موقعیت‌ها قبل از وقوع آن‌ها.

Exact translation into English:

I felt something in my stomach.

Usage, Explanation:

When you can feel that something is going to happen.

Used when someone has a strong feeling or intuition that something will happen before it actually does.

English Equivalent:

I had a gut feeling!

به سازِ کسی رقصیدن.

موارد استفاده:
زمانی به کار می‌رود که همه چیز مطابق میل یک فرد پیش برود.

معنی به فارسی:
مطابق میل و اراده‌ی کسی رفتار کردن و از کسی اطاعت کردن.

Exact translation into English:

To dance to someone's musical instrument.

Usage, Explanation:

To do whatever someone else wants.

English Equivalent:

To dance to someone's tune!

بی‌خبری، خوش‌خبریه!

موارد استفاده:
بی‌اهمیت جلوه دادن موضوعی مهم برای فرار از مسؤلیت‌های مرتبط با آن.

معنی به فارسی:
ندانستن بهتر از دانستن و نگرانی است.

Exact translation into English:
No news is good news.

Usage, Explanation:
If you don't hear anything , It means that nothing has happened.

English Equivalent:
No news is good news!

پایان شبِ سیه، سپید است.

موارد استفاده:
از سختی‌ها نباید ناامید شد؛ زیرا بالاخره پس از رنج و سختی خوشی و راحتی است.

معنی به فارسی:
برای امیدواری دادن به شخصی که در حال تلاش کردن است و زحمت می‌کشد، عنوان می‌شود.

Exact translation into English:
The end of the black night is white.

Usage, Explanation:
Every difficult situation has a positive aspect. This proverb encourages optimism, reminding us that after hardship comes relief.

English Equivalents:
Every cloud has a silver lining!
or
There is a light at the end of tunnel!

تا خراب نشود، آباد نمی‌شود!

موارد استفاده:

این ضرب‌المثل بدین معناست که شکست مقدمه یک پیروزی است.

معنی به فارسی:

خرابی مقدمه اصلاح است.

Exact translation into English:

It cannot be improved until it is destroyed.

Usage, Explanation:

In order to achieve something great, you'll have to sacrifice something great.

English Equivalent:

You can't make an omelet without breaking eggs!

تا سه نشه، بازی نشه!

موارد استفاده:

زمانی به کار می‌رود که کسی در بار اول و دوم در کاری ناکام بوده و می‌خواهد برای سومین بار شانس خود را امتحان کند.

معنی به فارسی:

امیدواری و زمین نخوردن از شکست‌های قبلی و درس گرفتن از آن‌ها.

Exact translation into English:

It's not a game until the third time.

Usage, Explanation:

If you've failed twice, the third time may work.

English Equivalent:

Third time's the charm!

تا گوساله گاو بشه، دلِ صاحبش آب می‌شه!

موارد استفاده:
زمانی به‌کار می‌رود که انجام کاری بسیار طولانی و زمان‌بر است، یا نتیجه‌اش به این زودی‌ها مشخص نمی‌شود. معمولاً با لحنی همراه با گلایه، شوخی یا ناامیدی گفته می‌شود.

معنی به فارسی:
رسیدن به نتیجه یا به‌ثمر رسیدن کاری آن‌قدر زمان می‌برد که صاحب کار از شدت انتظار و نگرانی فرسوده می‌شود.

Exact translation into English:

By the time the calf grows into a cow, the owner's heart melts away.

Usage, Explanation:

This proverb is used when something takes an unusually long time to complete, or when someone is waiting endlessly for a result. It often carries a tone of frustration, sarcasm, or humorous exaggeration.

English Equivalent:

It's going to take forever!

ترکِ اعتیاد موجبِ مرضه!

موارد استفاده:

کسی که به کار مورد علاقه‌اش عادت کرده، وقتی دیگران از او تقاضای ترک آن عمل را دارند، این ضرب‌المثل به کار می‌برد.

معنی به فارسی:

یعنی ترک کردن عادت‌ها برای انسان کار بسیار سختی است و ممکن است باعث ناراحتی‌های روحی یا جسمی شود.

Exact translation into English:

Quitting addiction causes disease.

Usage, Explanation:

Breaking a habit is hard and can cause discomfort.

English Equivalent:

Old habits die hard!

تو که لالایی بلدی، چرا خوابت نمی‌بره؟

موارد استفاده:
به کسی می‌گویند که اهل پند و اندرز دادن به دیگران است اما خودش به گفته‌های خویش عمل نمی‌کند. (عالم بی‌عمل)

معنی به فارسی:
یعنی آرام کردن دیگران با حرف‌های خوب همین شخص که بلد است دیگران را آرام کند چرا همان حرف‌ها را برای خودش به کار نمی‌گیرد تا آرام شود؟

Exact translation into English:
If you know lullabies so well, why can't you fall asleep.

Usage, Explanation:
Used when someone gives advice to others but does not follow it themselves.

English Equivalent:
Practice what you preach!

جوجه را آخر پاییز می‌شمارن!

موارد استفاده:
زمانی به کار می‌رود که شخصی در انجام کاری مغرور است اما از نتیجه‌ی آن بی‌خبر است و باید صبر کند تا نتیجه‌ی کارش را ببیند.

معنی به فارسی:
نباید زود نتیجه‌گیری و قضاوت کرد، زمان همه چیز را ثابت می‌کند.

Exact translation into English:

Counting the chicks at the end of autumn.

Usage, Explanation:

Do not be overly confident until you see the result.

English Equivalent:

Don't count your chickens before they hatch!

جا تره و بچّه نیست!

موارد استفاده:
وقتی چیزی یا کسی در جایی که همیشه هست نباشد، ولی آثار حضورش دیده می‌شود این ضرب‌المثل را به کار می‌برند.

معنی به فارسی:
یعنی یک نعمت و یا مالِ ارزشمند از دست رفته است.

Exact translation into English:
It's wet here but there is no child.

Usage, Explanation:
Used when something expected is missing or when someone has already left.

English Equivalents:
The bird has flown!
or
Missed Your chance!

101

چوب را که برداری، گربه دزده فرار می‌کنه!

موارد استفاده:

مقصر با کوچک‌ترین حرکتی می‌ترسد و می‌گریزد.

معنی به فارسی:

به این معنا که مجرم خودش می‌داند چه کرده است و کافی است که اشاره‌ای شود تا با فرار خودش را لو دهد.

Exact translation into English:

When you take the stick, the thieving cat runs away.

Usage, Explanation:

The guilty person knows that he is guilty and is afraid at the slightest hint. Someone guilty will react or flee when they feel threatened.

English Equivalent:

The guilty dog barks the loudest!

حرفِ راست را از بچّه بپرس!

موارد استفاده:
وقتی یک کودک بی‌پرده حقیقتی را می‌گوید که بزرگ‌ترها پنهان کرده‌اند.

معنی به فارسی:
بچه‌ها راست و بی‌پرده حرف می‌زنند، چون هنوز دروغ‌گویی و ملاحظه‌کاری‌های بزرگسالان را یاد نگرفته‌اند.

Exact translation into English:
If you want the truth, ask a child.

Usage, Explanation:
Children speak honestly and openly because they haven't yet learned to lie or be diplomatic like adults.

English Equivalent:
If you want the truth, ask a child!

حساب، حساب است؛ کاکا برادر!

موارد استفاده:

حساب و کتاب به جای خود، دوستی و برادری هم به جای خود.

معنی به فارسی:

در حساب و کتاب حتی با برادر خود هم سخت‌گیر باش.

Exact translation into English:

A loan is a loan, a brother is a brother.

Usage, Explanation:

Don't mix friendship or family with business.

English Equivalent:

Business is business!

خانه‌ای که دو تا کدبانو دارد، خاک تا زانوست!

موارد استفاده:
این مثل به تقسیم نشدن وظایف در یک مجموعه و به گردن دیگری انداختن امور کنایه می‌زند.

معنی به فارسی:
وجود افراد بی‌مسؤلیت و در عین حال دارای شغل خاصی که وظایف خود را به درستی انجام نمی‌دهند.

Exact translation into English:
A house with two housewives will be knee-deep in dirt.

Usage, Explanation:
When people share the same responsibility, nothing gets done properly.

English Equivalent:
Too many cooks spoil the broth!

105

خدا به آدمِ گدا، نه عزا بده نه عروسی!

موارد استفاده:
یک تصویر زنده از وضعیت فردی است که در شرایط فقر و نیاز قرار دارد و نمی‌تواند در مراسم‌های مهم و خوشایند شرکت کند.

معنی به فارسی:
چون فقیری، هیچ خوشی نداری.

Exact translation into English:

May God give neither mourning nor wedding to a beggar.

Usage, Explanation:

This proverb is used for someone in a state of poverty, even normally joyous accessions, like wedding, can be secure of stress due to financial strain.

English Equivalents:

Poverty is a great enemy to human happiness!

or

A poor man's joy is often a source of sorrow!

خَر چه داند، لذّتِ نُقل و نبات!

موارد استفاده:

کسی است که انسانیت خود را فراموش کرده و لیاقت چیزهای ارزشمند را ندارد.

معنی به فارسی:

آدمی که شعور ندارد، ارزش محبت‌های دیگران را نمی‌فهمد و حتی تشخیص نمی‌دهد چه چیزی باارزش است و چه چیزی بی‌ارزش.

Exact translation into English:

The donkey does not know the price of sweets.

Usage, Explanation:

Uses when someone does not appreciate the value of something meaningful.

English Equivalents:

Cast pearls before swine!

or

Don't waste time on those who don't appreciate them!

107

خَرِ ما از کُرّگی دُم نداشت!

موارد استفاده:

بی‌خیال چیزی شدن.

معنی به فارسی:

منصرف شدن از انجام دادن کاری است.

Exact translation into English:

Our donkey never had a tail to begin with.

Usage, Explanation:

Used when someone gives up on something that was doomed from the very start.

English Equivalent:

You can't lose what you never had!

خواستن، توانستن است.

موارد استفاده:
یعنی با اراده و خودباوری بخواهیم کاری که از دید همه انجام نشدنی است را انجام دهیم.

معنی به فارسی:
با اراده و پشت کار حتماً به مقصود خود خواهیم رسید.

Exact translation into English:

When you want it, you can have it.

Usage, Explanation:

If you really want to do something , they will find a way to do it.

English Equivalent:

Where there's a will, there is a way!

خودتو را به کوچه‌ی علی چپ نزن!

موارد استفاده:
زمانی که فرد خود را بی‌اطلاع نشان می‌دهد.

معنی به فارسی:
به معنای وانمود کردن به متوجه نشدن و نفهمیدن است.

Exact translation into English:

Hit yourself to the left Ali alley.

Usage, Explanation:

Pretend not to understand and notice.

English Equivalent:

Don't beat around the bush!

خودکرده را تدبیر نیست!

موارد استفاده:
هر کس هر گرفتاری‌ای برای خودش ایجاد کند، خودش مسئول خواهد بود.

معنی به فارسی:
مسؤلیت هر فردی در قبال کار خودش است.

Exact translation into English:

What you've done yourself can't be fixed.

Usage, Explanation:

If you cause a problem, you have to face the consequences.

English Equivalent:

You must lie in the best you made!

دَر ناامیدی بسی اُمید است.

موارد استفاده:
همیشه در اوج ناامیدی، چراغ روشن امید و گشایش وجود دارد. پس انسان نباید ناامید شود.

معنی به فارسی:
نباید در هیچ مواقعی تسلیم و ناامید شوید.

Exact translation into English:
There is much hope in despair.

Usage, Explanation:
Even in bad times, there is still hope.

English Equivalent:
Every cloud has a silver lining!

112

دلم مثلِ سیر و سرکه می‌جوشه!

موارد استفاده:

زمانی فردی برای یک موضوع خاص بسیار نگران و آشفته باشد.

معنی به فارسی:

بیان اضطراب و استرس ناشی از مسئله‌ای.

Exact translation into English:

My stomach boils like garlic and vinegar.

Usage, Explanation:

When someone is extremely worried and upset about a particular issue.

English Equivalent:

I have a butterfly in my stomach!

دنبالِ نخود سیاه!

موارد استفاده:
کسی را به دنبال نخودسیاه فرستادن به معنی دست به سر کردن اوست. یعنی شخصی را دنبال چیزی بفرستی که گیر نمی‌آید تا برود و حالا حالاها از سر باز شود.

معنی به فارسی:
نشان دهنده فرستادن کسی به دنبال موضوعی بی‌ارزش است.

Exact translation into English:

Sending someone to find the black peas.

Usage, Explanation:

A pointless search for something that doesn't exist.

English Equivalent:

Sending someone on a wild goose chase!

دنیا را آب ببره، اونو خواب می‌بره!

موارد استفاده:

برای کسانی به کار می‌برند که نسبت به اتفاقات مهم پیرامون خود بی‌تفاوت‌اند. دیگران چنین افرادی را به آدم خفته تشبیه می‌کنند که وجودش ضرر و زیانی را دفع نمی‌کند و چه بسا بر آن مشکلات اضافه کند.

معنی به فارسی:

یعنی در بدترین شرایط هم بی خیال و آسوده است و هیچ توجهی به اطرافش نمی‌کند.

Exact translation into English:
If the world is flooded, you are asleep.

Usage, Explanation:
Used for someone who doesn't care about what happening around them.

English Equivalents:
Ignorance is bliss!
or
Living in a bubble!

faria

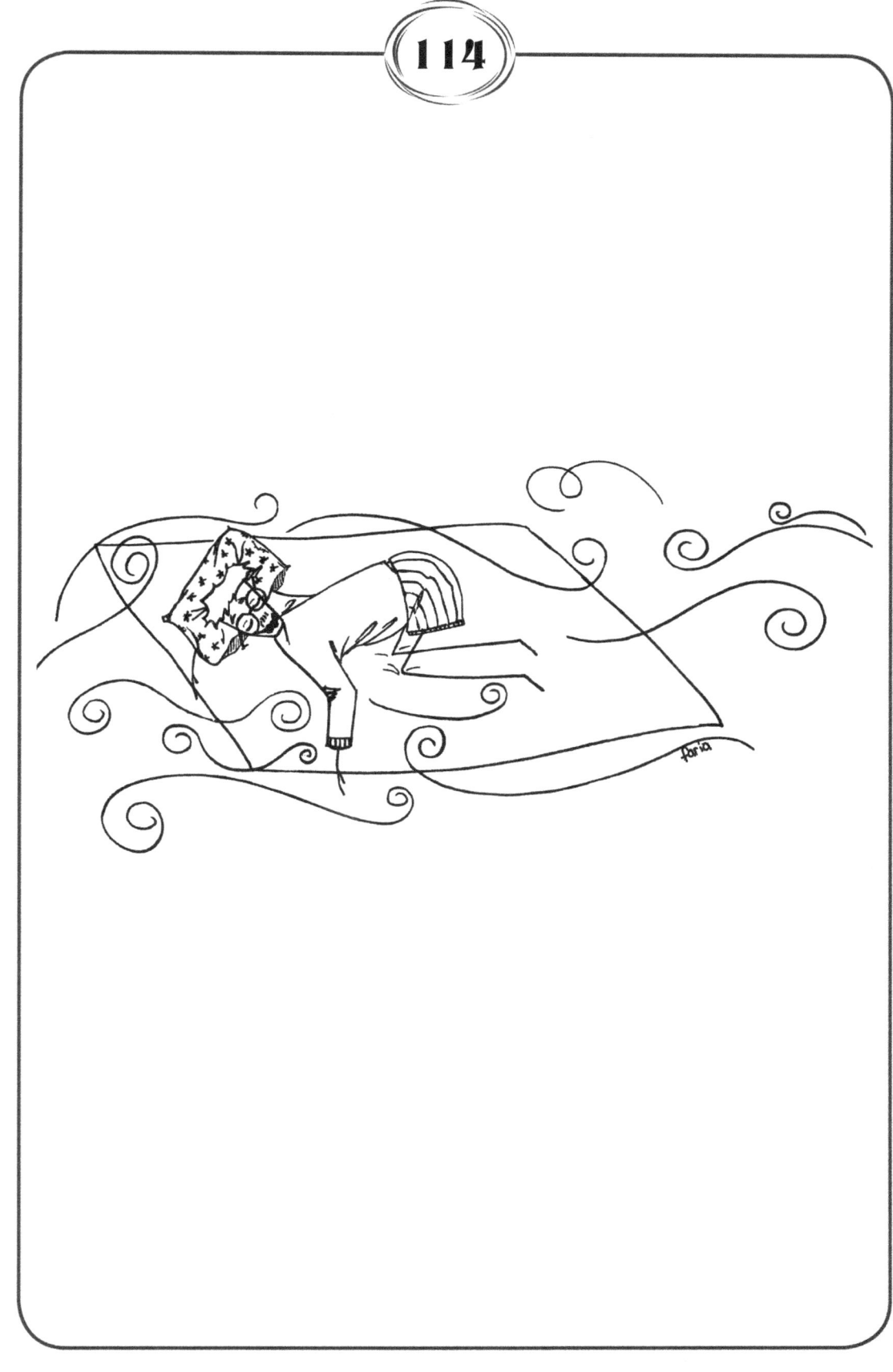

115

دیوار موش داره، موشم گوش داره!

موارد استفاده:

زمانی در جمعی رازی را بازگو می‌کنیم باید مراقب باشیم زیرا نمی‌دانیم شاید شخص دیگری به حرف‌هایمان گوش دهد پس هر حرفی را هر جایی نباید گفت چون ممکن است مردم خبرچینی کنند و به گوش دیگران برسانند.

معنی به فارسی:

آگاهی از وجود افراد خبرچین در هر جمعی است.

Exact translation into English:

The wall has a mouse, and the mouse has ears.

Usage, Explanation:

Be careful what you say, as someone may be eavesdropping.

English Equivalent:

Walls have ears!

faria

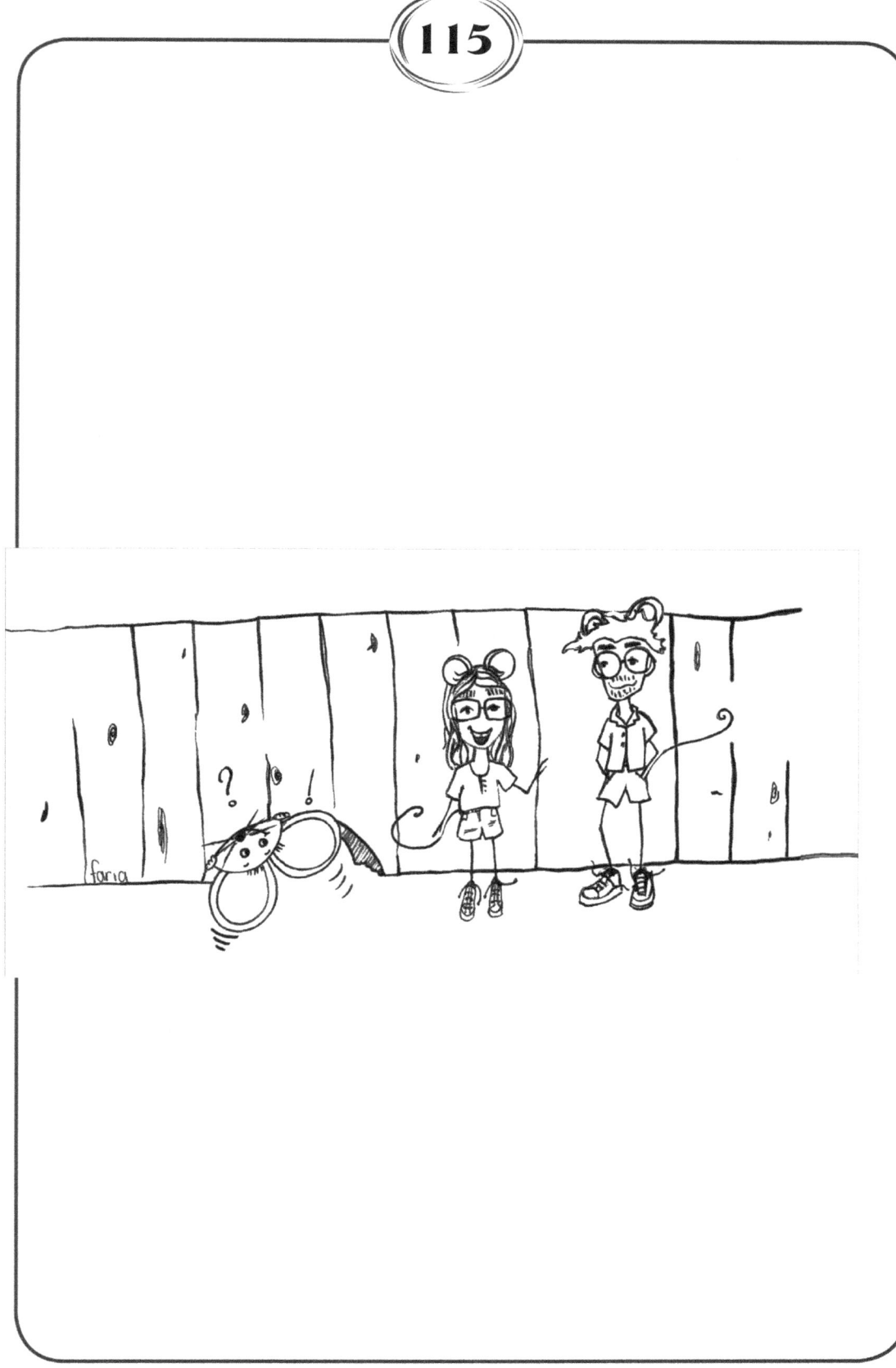

دندون اسبِ پیشکشی را نمی‌شمارن!

موارد استفاده:
زمانی استفاده می‌شود که کسی هدیه‌ای به شما می‌دهد ولی شما سعی می‌کنید ایرادهای آن هدیه را پیدا کنید. در حالیکه باید فقط قدردان محبت او باشید.

معنی به فارسی:
قدردانی کردن، به جای ایراد گرفتن.

Exact translation into English:

Don't Count the Teeth of a gifted horse.

Usage, Explanation:

When somebody give you a gift don't try to find a flaws of it; instead, be thankful.

English Equivalent:

Don't look a gift horse in the mouth!

دیگ به دیگ می‌گه، روت سیاه!

موارد استفاده:
در موقعیت‌هایی که افراد دیگران را بابت چیزی سرزنش می‌کنند، در حالی که خودشان نیز به همان مشکل یا رفتار دچارند. بیشتر حالت طعنه و انتقاد دارد.

معنی به فارسی:
وقتی کسی عیب یا اشتباهی را به دیگران نسبت می‌دهد، در حالی که خودش نیز همان عیب را دارد.

Exact translation into English:
The pot calls the other pot black.

Usage, Explanation:
This proverb is used when someone criticizes another person for a fault that they themselves also have. It often implies hypocrisy or a lack of self-awareness.

English Equivalent:
The pot calls the kettle black.

دو تا فکر، از یک فکر بهتره.

موارد استفاده:
زمانی به کار می‌رود که برای مشکلات و کارها با دیگران مشورت و هم فکری کنیم و نتیجه بهتری بگیریم.

معنی به فارسی:
سودمندی و ارزشمندی هم اندیشی با دیگران.

Exact translation into English:

Two thoughts are better than one.

Usage, Explanation:

Two minds working together are better than one alone.

English Equivalent:

Two heads are better than one!

faria

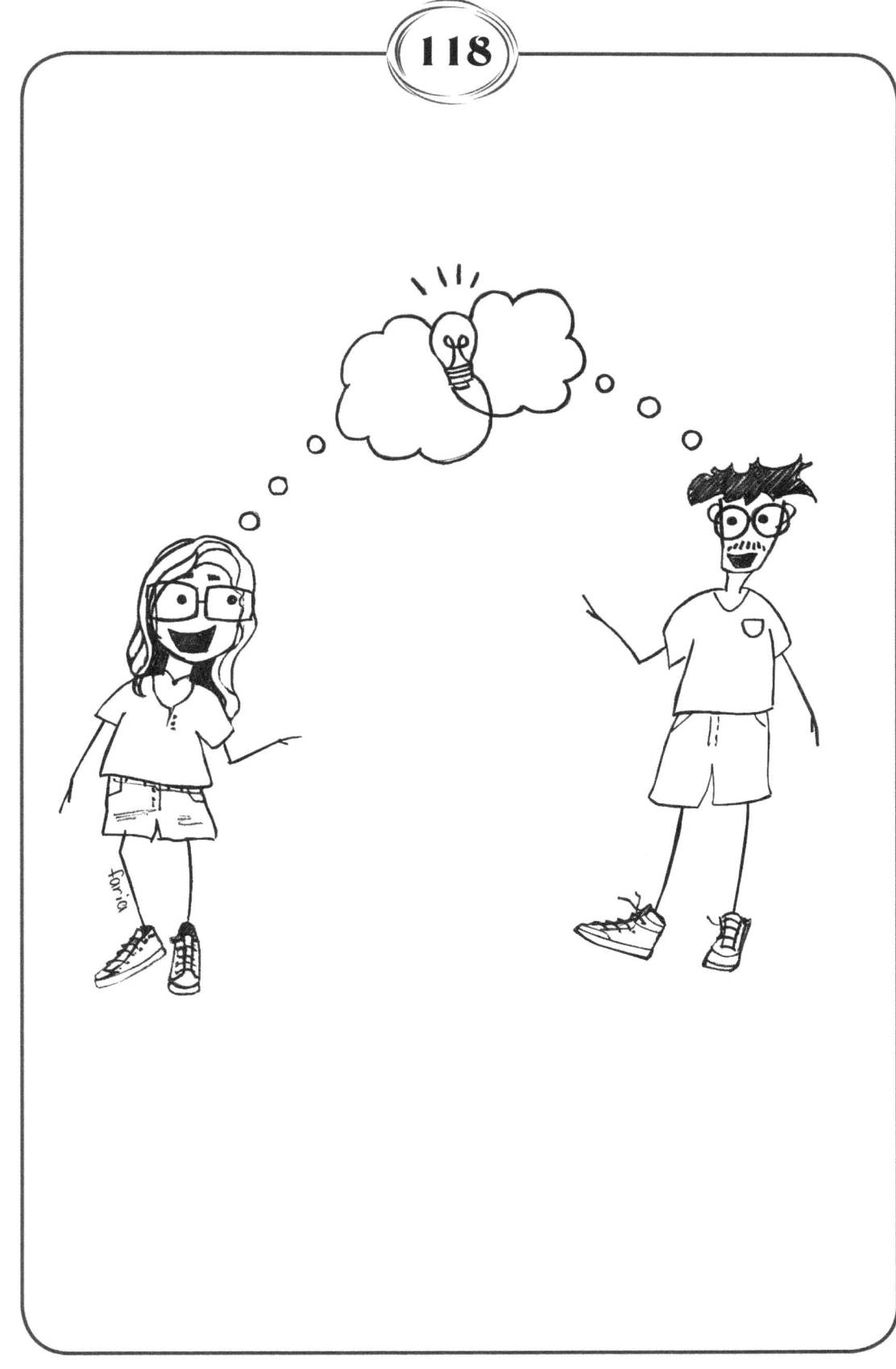

روزه‌ی شک دار نگیر!

موارد استفاده:

وقتی می‌خواهید کاری را انجام دهید، از همان ابتدا هدف خود را مشخص کنید. با حدس و گمان نمی‌توان در کاری موفق شد.

معنی به فارسی:

عاقبت‌اندیشی در کارها.

Exact translation into English:

Do not fast with doubts.

Usage, Explanation:

If you are unsure about something , do not rush into it, you might regret it.

English Equivalent:

When in doubt do nothing!

سَرش بوی قورمه‌سبزی می‌ده!

موارد استفاده:
دنبال دعوا و درد سر است.

معنی به فارسی:
کاری که نتیجه آن درد سر است.

داستان:
ماجرا به این برمی‌گرده که قورمه‌سبزی یه غذای خوش‌عطره و بوی تند و قوی‌ای داره. قدیما اگر کسی یواشکی می‌خواست قورمه‌سبزی بخوره یا قاچاقی غذایی برداره، بوی قورمه‌سبزی لوش می‌داد! یعنی حتی اگر خودش چیزی نمی‌گفت، بوش همه جا می‌پیچید و معلوم می‌شد کار کارِ اون بوده. از اینجا به بعد هر وقت می‌دیدن کسی بی‌احتیاطی کرده یا قراره کارش لو بره و گیر بیفته، می‌گفتن:
«سرت بوی قورمه‌سبزی می‌ده!»

Exact translation into English:
His head smells like Ghormeh Sabzi[1].

Usage, Explanation:
Someone who behaves foolishly or lacks of intelligence.

English Equivalent:
Have rocks in one's head! or Not the sharpest tool in the shed!

1- Ghormeh Sabzi is one of the traditional and beloved Iranian dishes, made from a blend of aromatic herbs, beans, meat, and dried limes. It is usually served with rice and has a tangy and delicious flavor.

121

سری که درد نمی‌کنه را دستمال نمی‌بندند!

موارد استفاده:

یعنی بیهوده برای خود مشکلی ایجاد نکنید.

معنی به فارسی:

این نصیحت برای انجام هر کار سخت و پر مسئله‌ای به کار می‌رود. یعنی دنبال کار پرحاشیه و بی‌نتیجه نرو.

Exact translation into English:

A head that does not hurt is not bandaged.

Usage, Explanation:

Don't create unnecessary problems for yourself.

English Equivalent:

Don't make a rod for your own back!

سگ، گوشتِ سگ را نمی‌خوره!

موارد استفاده:
فرد بد، بدتر را می‌شناسد.
شخصی دزد باشد دزد دیگر را به خوبی تشخیص می‌دهد.

معنی به فارسی:
به خوبی شناختن هم نوع خود!

Exact translation into English:

A dog does not eat dog meat.

Usage, Explanation:

Even dishonest people trust their own kind.

English Equivalent:

There is honor among thieves!

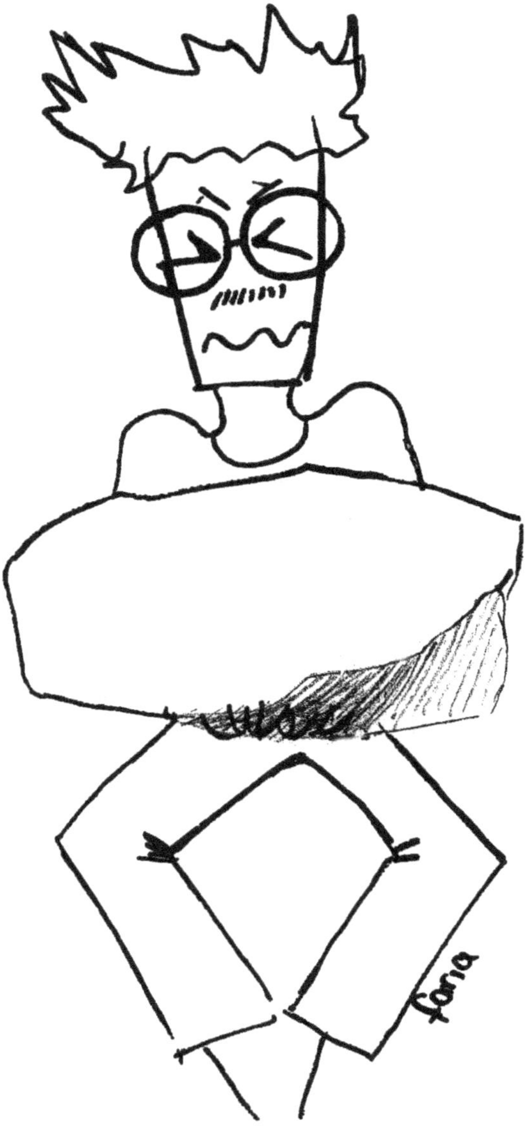

123

سنگِ بزرگ علامتِ نزدنه!

موارد استفاده:

زمانی به کار می‌رود که فردی بیش از توانش ادعا می‌کند، می‌تواند کارهای مهم انجام دادن بهتر است.

معنی به فارسی:

اغراق در بیان توانایی‌های خود در انجام کاری است.

Exact translation into English:

A big stone is a sign of not throwing.

Usage, Explanation:

People who act tough or threatening rarely do any harm. Someone who talks big but doesn't act!

English Equivalent:

Barking dog seldom bite!

سوسک رو دیوار راه می‌رفت، مادرش می‌گفت: "قربون دست و پای بلوریت!"

موارد استفاده:

فرزند هر کسی به نظر خودش زیبا و بدون عیب و ایراد است.

معنی به فارسی:

هر کس عقل خود به کمال می‌بیند و فرزند خود به جمال.

Exact translation into English:

The cockroach was walking on the wall, and his mother said, hands and feet are crystal"

Usage, Explanation:

Parents tend to see their children as perfect, even when others may not share the same view.

English Equivalent:

There's only one beautiful child in the world, and every mother has it!

سیلیِ نقد به از حلوای نسیه!

موارد استفاده:
به افرادی اشاره دارد که از روی حرص و طمع می‌خواهند همه چیز را در کنار هم و فقط برای خودشان داشته باشند.

معنی به فارسی:
این ضرب‌المثل معمولاً در موقعیت‌هایی استفاده می‌شه که کسی بین یک گزینه‌ی قطعی اما سخت یا کم‌ارزش و یک وعده یا قول جذاب ولی نامشخص مردد است.

Exact translation into English:
A slap in the face today is better than sweet Halva promises for tomorrow.

Usage, Explanation:
This proverb is usually used in situations where someone is hesitating between a definite but difficult or low-value option and an attractive but uncertain promise or commitment.

English Equivalent:
A bird in the hand is worth two in the bush!

شانس یک‌بار درَ خونه آدم را می‌زنه!

موارد استفاده:

در زندگی انسان یک بار فرصت فوق‌العاده‌ای پیش رویش قرار می‌گیرد که باید توجه کند و نهایت بهره را از آن ببرد.

معنی به فارسی:

یعنی فرصت‌های خوب، اندک و زودگذرند. مبادا با غفلت آن‌ها را از دست بدهیم.

Exact translation into English:

Luck just knocks at your home door once.

Usage, Explanation:

Opportunities are rare, you should take advantage of them while you can.

English Equivalent:

Make hay while the sun shines!

شتر در خواب بیند پنبه‌دانه!
گهی لُپ لُپ خورد، گه دانه‌دانه!

موارد استفاده:
حساب‌های خوش خیالانه پیش خود کردن، آرزوهای دور و دراز.

معنی به فارسی:
خوش‌خیالی بیش از حد و رویاپردازی در موضوعی.

Exact translation into English:

A camel sees cotton seeds in a dream.

Usage, Explanation:

Having unexpected dreams and being optimistic. Being overly optimistic or dreaming of something unlikely to happen.

English Equivalents:

The cat dreams of mice!

or

Wishful thinking!

شتر دیدی؟ ندیدی!

موارد استفاده:

آنچه دیدی و شنیدی را به کسی نگو چون خطرناک است.

چیزی را که دیدی بازگو نکن چون دردسر ساز است.

معنی به فارسی:

یعنی انگار اصلاً اتفاقی نیفتاده!

Exact translation into English:

See the camel, see nothing.

Usage, Explanation:

Be quiet and say nothing about something.

English Equivalent:

What happens here, stays here!

شترسواری دولادولا نمی‌شه!

موارد استفاده:
این ضرب‌المثل را زمانی استفاده می‌کنند که کسی در هدف و انتخابش در زندگی هنوز ثابت قدم نشده است. یک روز دینداری می‌کند و روز دیگر کافری.

معنی به فارسی:
راز بزرگ را نمی‌شود نگه داشت!

Exact translation into English:

You cannot ride a camel furtively.

Usage, Explanation:

Don't try to be discreet when doing something obvious.

English Equivalent:

You can't hide the elephant!

صد سال گدایی می‌کنه، هنوز شبِ جمعه را نمی‌دونه!

موارد استفاده:
وقتی کسی چندین بار کاری را تکرار کرده و تجربه کافی دارد اما باز هم اشتباه می‌کند این ضرب‌المثل کاربرد دارد.

معنی به فارسی:
اشتباه کردن در کاری که بارها بی‌فایده بوده.

Exact translation into English:

He has been begging for a hundred years, but he still does not know Friday night.

Usage, Explanation:

Even experts can still make mistakes despite their experience.

English Equivalent:

Even the best make mistakes!

faria

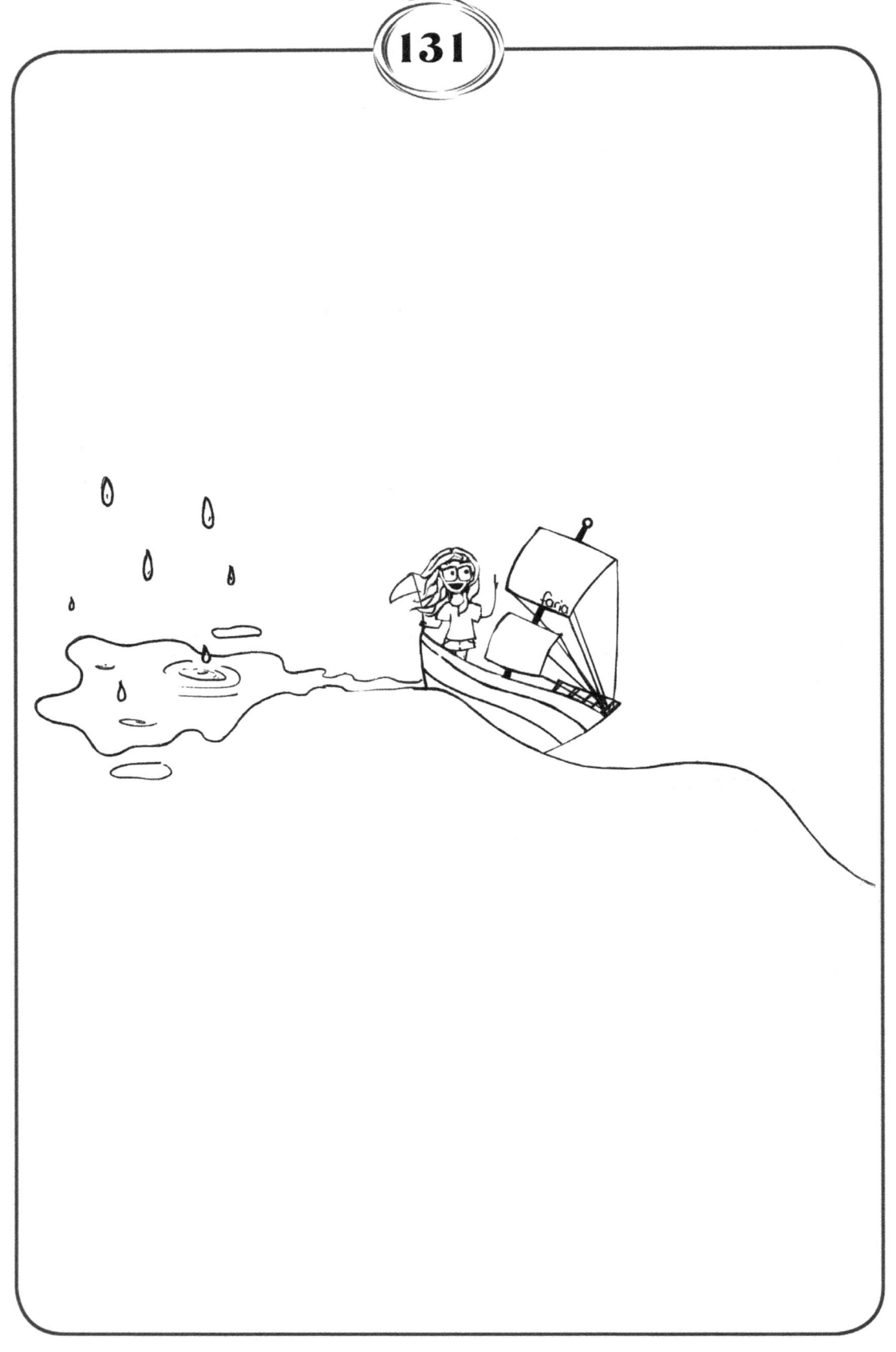

قطره‌قطره جمع گردد، وانگهی دریا شود.

موارد استفاده:

هر کس باید به اندازۀ توانایی‌اش کار کند. مقدار زیاد از هر چیزی نتیجۀ کم‌کم جمع شدن آن است.

معنی به فارسی:

کم کم جمع کردن چیزی تا زیاد شود.

Exact translation into English:

Drop by drop will suddenly become the sea

Usage, Explanation:

Small efforts add up over time to create something significant.

English Equivalent:

A penny saved is a penny earned!

کبریتِ بی‌خطر.

موارد استفاده:

فرد یا چیزی که ظاهرش نشان می‌دهد خطرناک یا مؤثر است، اما در واقع بی‌اثر و بی‌خطر است.

معنی به فارسی:

کبریتی که خطری ندارد. یعنی کسی که تهدیدش جدی نیست.

Exact translation into English:

A Harmless matchstick.

Usage, Explanation:

Someone who is harmless and wouldn't do any harm.

Used to describe a timid person who is afraid to take action or cause harm.

English Equivalent:

Wouldn't hurt a fly!

کاچی به از هیچی!

موارد استفاده:
آدم کاری بکند و حرفی بزند بهتر از آن است که هیچی نگوید و دیگران فکر کنند طرف هیچی نمی‌فهمد.

معنی به فارسی:
کاچی با اینکه غذای ساده‌ای است، ولی رفع گرسنگی می‌کند. کاچی بهتر از هیچی، یعنی کار و فعالیتی که کم باشد از نبودش بهتر است.

Exact translation into English:
Kachi[1] is better than nothing.

Usage, Explanation:
It's better to take what you can get, even if it's very little, than to risk having nothing at all.

English Equivalent:
Half a loaf is better than no bread!

1- Kachi = Type of porridge made from simple ingrideints.

کَس نَخارد پشتِ من جز ناخن انگشتِ من!

موارد استفاده:
این ضرب‌المثل را معمولاً در موقع گرفتاری به کار می‌برند. خصوصاً زمانی که کسی در بدترین شرایط به سر می‌برد و هیچکس به داد او نمی‌رسد.

معنی به فارسی:
یعنی انسان خود باید به فکر خویشتن باشد و به خود متکی باشد و سعی کند در زندگی وابسته و محتاج دیگری نباشد که سود چندانی به او نخواهد رسید.

Exact translation into English:
No one scratches my back except my fingernails.

Usage, Explanation:
It's best to rely on yourself rather than depending on others.

English Equivalent:
If you want something done right, do it yourself!

135

کفِ دست که مو نداره، بکن!

موارد استفاده:

زمانی که کسی می‌خواهد ثابت کند پولی ندارد چون مورد تهدید طلبکار قرار گرفته و می‌خواهد جواب ناامیدکننده بدهد این ضرب‌المثل را به کار می‌رود.

معنی به فارسی:

مفهوم بی‌پولی و نداری است و وقتی که کسی طلب پول می‌کند.

Exact translation into English:

Pluck the palm that doesn't have hair on it.

Usage, Explanation:

Used when someone asks for money from a person that has none.

For example: Asking him for money is like trying to get about from a stone.

He's completely broke!

English Equivalent:

You can't get blood from a stone!

کف‌گیر به تهِ دیگ خورده!

موارد استفاده:
به افرادی که به هر دلیلی پولشان ته کشیده می‌گویند کفگیرش به ته دیگ خورده است.

یعنی کسی ناتوان شده و دیگر توانایی مالی قبلی را ندارد.

معنی به فارسی:
یعنی دست خالی و فقیر شدن.

Exact translation into English:

The skimmer[1] hit the bottom of the pot.

Usage, Explanation:

Having no other choice and being in a desperate situation, especially when financially struggling.

English Equivalent:

Scraping the bottom of the barrel.

1-Skimmer = Type of kitchen utensil.

کوه به کوه نمی‌رسه، ولی آدم به آدم می‌رسه!

موارد استفاده:

زمانی استفاده می‌شود که کسی حق کسی را می‌خورد و به این معنی است که در این دنیای بزرگ اگر کسی به فردی بدی کند در نهایت همدیگر را می‌بینند و فرد خطاکار پشیمان می‌شود.

معنی به فارسی:

تا می‌توانیم با یکدیگر خوب باشیم که فقط خوبی است که برای ما می‌ماند.

Exact translation into English:

Mountains do not meet, but people do.

Usage, Explanation:

The world is small and people cross paths again. Treat others well, because you never know when you might meet them again.

English Equivalent:

It's a small world!

گذشته‌ها گذشته!

موارد استفاده:

برای افرادی کاربرد دارد که دائما به گذشته فکر می‌کنند و زمان حال را از دست داده‌اند و فرصت‌ها را غنیمت بشمارند.

معنی به فارسی:

توجه بیش از حد به گذشته و اصلاح آن.

Exact translation into English:

The past is the past.

Usage, Explanation:

Don't dwell on the past. Forget about the unpleasant in the past.

English Equivalent:

let bygones be bygones!

faria

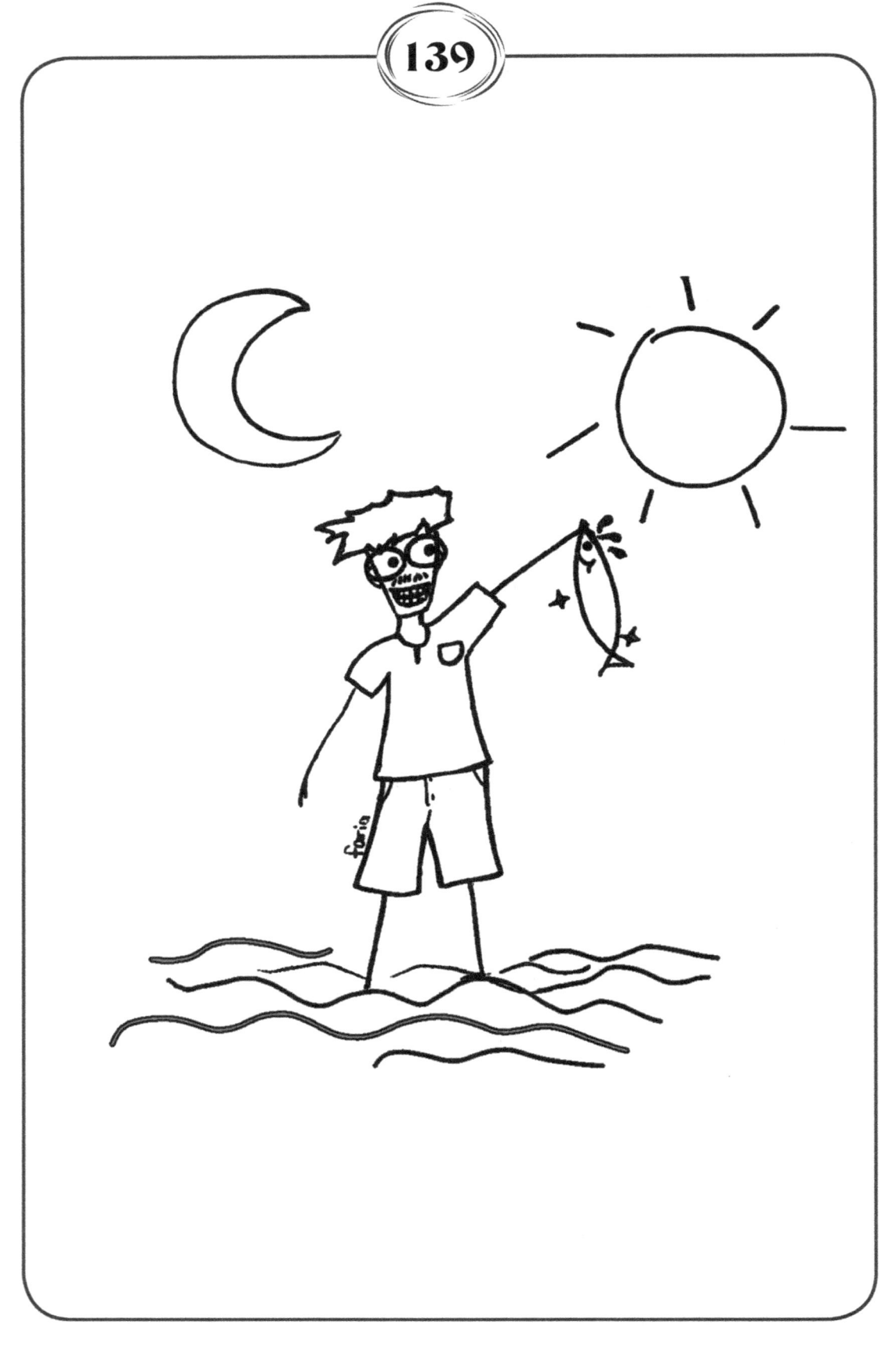

ماهی را هر وقت از آب بگیری تازه‌ست.

موارد استفاده:
این ضرب‌المثل زمانی به کار می‌رود که هر زمان کسی اراده‌ی انجام کاری را داشته باشد. می‌تواند آن را انجام دهد و هیچ‌زمان برای انجام آن کار دیر نیست.

معنی به فارسی:
برای انجام کارها هیچ وقت دیر نیست و می‌توان هر لحظه، کاری را شروع کرد.

Exact translation into English:

Whenever you catch the fish, it is fresh.

Usage, Explanation:

It is never too late to pursue your dreams.

or

You can always start something new or make a change.

English Equivalents:

Better late than never!

or

It's never too late to mend!

مثل دُمِ اسب باران میاد!

موارد استفاده:
اطلاع رسانی، باران تند و بی امان.

معنی به فارسی:
به معنای بارش شدید باران است.

Exact translation into English:

It rains like a horse's tail.

Usage, Explanation:

Used to describe particularly heavy rain.

English Equivalent:

It's raining cats and dogs!

مرغ که در هواست، به سیخ نمی‌کشید!

موارد استفاده:
به این معنی و مفهوم است که انسان تا زمانی که به چیزی دسترسی ندارد نباید در مورد آن برنامه ریزی کند.

معنی به فارسی:
صحبت در مورد محالات و کارهایی که هنوز اتفاق نیافتاده است.

Exact translation into English:
A chicken that is in the air should not be skewered.

Usage, Explanation:
Do not make plans about something you want to have until you actually have it.

English Equivalent:
First, catch your hare, Then cook him!

مرغِ همسایه غازه!

موارد استفاده:
این مثل مربوط به انسان‌های ناراضی است. افرادی که به داشته‌هایشان قانع نیستند و فقط دارایی‌ها و توانمندی‌های دیگران را تحسین می‌کنند.

معنی به فارسی:

۱. چیزی که دیگران دارند با ارزشتر است.

۲. برخی از افراد همواره از آنچه که دارند ناراضی هستند و تصور می‌کنند که دارایی دیگران نسبت به اموال خودشان برتر است.

۳. آدم‌های خود کم‌بین و حریص به مال دیگران، حتی مرغ همسایه را به شکل غاز تصور می‌کنند.

Exact translation into English:
The neighbor's chicken is a goose.

Usage, Explanation:
Other people's lives or situations always seem better than one's own.

English Equivalent:
The grass is greener on the other side or The grass is always greener!

142

143

مگه پول علفِ خِرسه!

موارد استفاده:

به کسی می‌گویند که بدون توجه به وضعیت مالی و حقوق ماهیانه‌اش، خرج‌های اضافی می‌کند.

معنی به فارسی:

یعنی در پول خرج کردن اسراف نکن.

Exact translation into English:

Is the money bear grass?

Usage, Explanation:

Used to criticized someone who spends money carelessly, reminding them that earning money is difficult.

English Equivalent:

Money doesn't grow on trees!

مُشت نمونه‌ی خرواره!

موارد استفاده:
این مثل بیان می‌دارد مقداری از هر چیز بیان‌کننده و نشان دهنده کیفیت و خصوصیت کل آن چیز است.

معنی به فارسی:
به معنای چیز کم به نشانه فراوان است.

Exact translation into English:
A fist is an example of a large amount.

Usage, Explanation:
A small part can reveal the whole.

English Equivalent:
You may know by a handful the whole sack!

من می‌گم نَره، تو می‌گی بدوش!

موارد استفاده:

زمانی استفاده می‌شود که عدم امکان انجام کاری را با دلیل و منطق به کسی توضیح دهند و او باز هم به دلیل نفهمی یا زورگویی خواسته خود را علی‌رغم توضیح ناممکن بودن آن کار تکرار کند.

معنی به فارسی:

پاسخ عامیانه به کسی است که بر ناممکن بودن انجام کاری پافشاری کند.

Exact translation into English:

I say, It's a bull, you say milk it.

Usage, Explanation:

Used When someone insists on achieving an unrealistic goal despite being told it's not possible.

English Equivalent:

Milking a bull!

موش موشک، آسه برو آسه بیا که گربه شاخت نزنه!

موارد استفاده:
منظور این است که مراقب باش در هرکاری که می‌کنی از جانب دشمنانت آسیبی به تو نرسد.

معنی به فارسی:
یعنی به جای جلب توجه و خودنمایی با احتیاط و بی‌سر و صدا عمل کن تا کسی کاری به کارت نداشته باشد.

Exact translation into English:
Missile mouse go slowly, come slowly so that the cat doesn't hit your head.

Usage, Explanation:
Do something carefully and quietly, so that nobody notices, or so that you don't attract unwanted attention.

English Equivalent:
Tread lightly!

faria

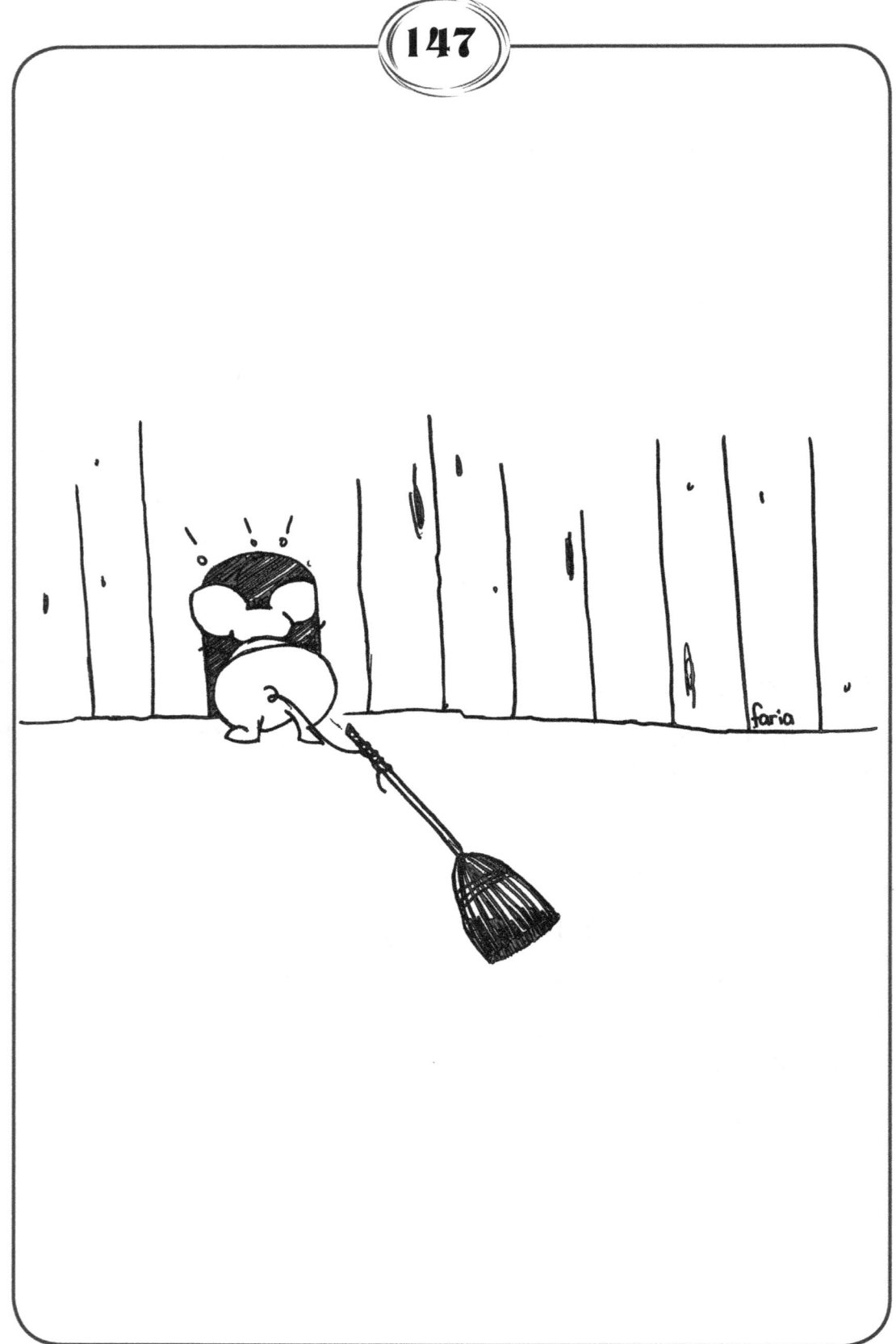

موشه تو سوراخ نمی‌رفت، جارو به دمش می‌بست!

موارد استفاده:
برای افرادی است که برای یک مشکل کوچک نه تنها راه حلی ندارند بلکه به آن مشکل بزرگتری هم اضافه می‌کنند.

معنی به فارسی:
برای حل کردن یک مشکل کوچک، مشکل بزرگتر ایجاد کردن.

داستان ضرب المثل:
موشی از کوچه‌ای می‌گذشت، چشمش به یک در قدیمی افتاد که باز بود. به داخل حیاط رفت و پیرزنی را دید که سرگرم کار است. موش از فرصت استفاده کرد و جستی زد و سریع به انباری رفت.

یک طرف کیسه‌های گردو، چند شیشه پنیر که روی طاقچه انباری بود که ردیف به ردیف گذاشته بودند. با خودش گفت: همین جا زندگی می‌کنم. آن وقت چشمش به یک سوراخ در دیوار افتاد. رفت داخل سوراخ، به به! چه جایی! مثل این که از اول برای او ساخته شده بود. خوب که نگاه کرد، متوجه شد که سقف اتاقش تار عنکبوت است.

موش با خود گفت: باید این جا را خوب تمیز و مرتب کنم. بعد هم وسایلی را که لازم دارم به این جا می‌آورم. مثلاً آن تکه آینه کوچک که از شیشه خانه پیرزن است برای طاقچه‌ی اتاقم خیلی خوب است. آن شیشه کوچک را که کنار خُمره است، گلابدان می‌کنم و در گوشه طاقچه‌ام کنار آینه می‌گذارم... وای که چقدر شانس آورده‌ام.

پس خوشحال و خندان از لانه خارج شد، نگاهی به اطراف کرد، چشمش به جارویی افتاد که گوشه انبار به دیوار تکیه داده شده بود. با خود گفت چه کار کنم تا این جارو را هم با خودم به سوراخ ببرم؟

سوراخ خیلی کوچک است، نمی‌توانم از آن عبور کنم. قدری فکر کرد، بعد گفت: بهترین کار این است که جارو را به دُمم ببندم و همین کار را هم کرد.

در همین هنگام پیرزن وارد انبار شد و دید که از سوراخ انباری جارویی بیرون آمده است. جارو را کشید. دم موش با جارو کنده شد!
پیرزن خنده‌ای کرد و گفت: «موش به سوراخ نمی‌رفت، جارو هم به دمش می‌بست.»
موش دُم بریده، راهش را گرفت و رفت.

Exact translation into English:

The mouse was unable to enter the hole, yet it tied a broom to its tail.

Usage, Explanation:

Trying to save a small problem but making it worse.

English Equivalent:

Don't run before you can walk!

نابرده رنج، گنج میسّر نمی‌شود.

موارد استفاده:
در مواردی است که فردی بدون هیچ تلاش و سختی توقع رسیدن به موفقیت‌های بزرگ را داشته باشد.

معنی به فارسی:
بدون زحمت چیزی عاید نمی‌شود.

Exact translation into English:

Without hardship, no treasure can be obtained.

Usage, Explanation:

If you want to achieve your goals, you have to work hard and tolerate the difficulties.

English Equivalent:

No Pain, No Gain!

<h1 style="text-align:right;">نشاشیدی شب درازه!</h1>

موارد استفاده:

هنوز برای اینکه اتفاق بدی بیفتد وقت هست. هنوز اول کار است، تصور نکن که همه چیز به خوبی پیش خواهد رفت.

معنی به فارسی:

خوش‌بینی بیش از حد درباره هر موضوعی اشتباه است.

Exact translation into English:

The night is long until you pee.

Usage, Explanation:

Don't celebrate too soon, difficulties may still arise.

English Equivalent:

Don't count your chickens before they hatch!

نمک خورده و نمک‌دون شکونده!

موارد استفاده:

درباره آدم‌های بی چشم و رو و قدرناشناس به کار می‌رود که جواب خوبی را با بدی می‌دهند.

معنی به فارسی:

انسان‌های قدرناشناس.

Exact translation into English:

Eating salt and breaking the salt shaker.

Usage, Explanation:

Used to describe someone who is ungrateful and treats those who have helped them poorly.

English Equivalent:

Don't bite the hand that feeds you!

نو که اومد به بازار، کهنه می‌شه دل آزار!

موارد استفاده:
چیزهای جدید و نو باعث می‌شود انسان نسبت به چیزهایی که در گذشته داشته و کهنه شده دل‌زده شود.

معنی به فارسی:
همیشه در مقایسه بین نو و کهنه، جنس نو از ازرش بالاتری برخوردار است.

Exact translation into English:
When the new arrives in the market, the old becomes heart-aching.

Usage, Explanation:
New things make old ones seem less desirable or appreciated.

English Equivalent:
Out with the old , in with the new!

نوش‌دارو بعد از مرگ سهراب!

موارد استفاده:

یعنی زمانی که کار از کار گذشته و همه راه حل‌ها بی‌فایده است این ضرب‌المثل را می‌گویند.

معنی به فارسی:

یعنی فرصت‌ها گذشته دیگری هیچ راه حلی برای آن وجود ندارد.

Exact translation into English:

Potion after Sohrab's death.

Usage, Explanation:

Used when it's too late to fix a problem because the damage has already been done.

English Equivalents:

Locking the barn door after the horse is gone!

or

Too little, too late!

هر چقدر پول بدی، همان قدر آش می‌خوری!

موارد استفاده:

هر مقدار که بیشتر بتوانید هزینه بسیاری خرج کنید، به همان میزان خواهید توانست از امکانات بسیاری برخوردار شوید.

معنی به فارسی:

با توجه به میزان پولی که پرداخت می‌کنید از امکانات بهرمند خواهید شد.

Exact translation into English:

The more money you give, the more soup you get.

Usage, Explanation:

The more you pay, the better quality or more benefits you receive.

English Equivalent:

You get what you pay for!

هر که بامش بیش، برفش بیشتر.

موارد استفاده:

برای افرادی به کار می‌رود که پولدارتر و داراتر هستند. مفهوم آن این است که هر چه پولدارتر باشی، مشکلات و دردسرها بیشتر است.

معنی به فارسی:

هر کس پول و ثروت بیشتر یا مقام معنوی بالاتری داشته باشد، دردسر و گرفتاری بیشتری هم دارد.

Exact translation into English:

The more roof space you have, the more snow falls on it.

Usage, Explanation:

More wealth or status brings more problems.

English Equivalents:

Much money, more problems!

or

Heavy is the head that wears the crown!

۱۵۵

هر چه پیش آید خوش آید!

موارد استفاده:
این ضرب‌المثل را کسی به کار می‌برد که به نتایج کارهایش به دیده‌ی مثبت می‌نگرد و هراسی از آینده ندارد.

معنی به فارسی:
نتیجه کار هر چه شد راضی هستیم و گله‌ای نمی‌کنیم چرا که عاقبت کارها به دست خداست.

Exact translation into English:
Whatever happens, happens for the best.

Usage, Explanation:
No matter the outcome, I accept it as good and do not worry about the future.

English Equivalent:
Everything happens for a reason!

هم خدا خواهی و هم دنیای دون!

موارد استفاده:
برای افراد زیاده خواه و افراطی کاربرد دارد.

معنی به فارسی:
می‌خواهی هم به ارزش‌های معنوی پایبند باشی و هم به لذّت‌ها و منفعت‌های پَست و دنیوی بچسبی، که این دو با هم سازگار نیستند.

Exact translation into English:

You want God and material wealth!

Usage, Explanation:

You can be greedy for wealth and truly be faithful to God.

English Equivalent:

You can not serve God and mammon!

هم خدا را می‌خواد و هم خرما را!

موارد استفاده:
به افرادی اشاره دارد که از روی حرص و طمع می‌خواهند همه چیز را در کنار هم و فقط برای خودشان داشته باشند.

معنی به فارسی:
نشان‌دهنده افراد حریص و طمع کار.

Exact translation into English:

He wants both God and dates.

Usage, Explanation:

Someone who wants all the benefits without any drawback.

English Equivalent:

He wants to have his cake and eat it too!

هیچ بقّالی نمی‌گه ماست من تُرشه!

موارد استفاده:
به این معنی است که هرگاه شخصی کالای باکیفیت و خوبی نداشته باشد، هیچ‌وقت از بدی آن کالا صحبت نمی‌کند.

معنی به فارسی:
هیچ‌کس معایب محصول خود را در فروش آشکارا بیان نمی‌کند تا بتواند در فروش آن موفق باشد.

Exact translation into English:
No grocer says, "My yogurt is sour."

Usage, Explanation:
No one criticizes their own. This proverb means that people always praise their own work, products, or ideas.

English Equivalent:
Every salesman praises their own goods!

یا رومی روم، یا زنگی زنگ.

موارد استفاده:
کاری را به راحتی نمی‌توان با یک دست انجام داد اما با هر دو دست می‌شود. منظور اینکه کسی به تنهایی نمی‌تواند کاری را انجام دهد ولی با یک گروهی از متحدان می‌شود.

معنی به فارسی:
دست، نمادی از قدرت و نیرو است و همه می‌دانیم که یک دست، توانایی‌اش محدود و برای انجام کارهای بزرگ ناتوان است.

Exact translation into English:

One hand makes no sound.

Usage, Explanation:

Working with others as a team will get you better results.

English Equivalents:

In unity there is strength!

or

Two heads are better than one!

یک دست صدا نداره!

موارد استفاده:
کاری را به راحتی نمی‌توان با یک دست انجام داد اما با هر دو دست می‌شود. منظور اینکه کسی به تنهایی نمی‌تواند کاری را انجام دهد ولی با یک گروهی از متحدان می‌شود.

معنی به فارسی:
دست، نمادی از قدرت و نیرو است و همه می‌دانیم که یک دست، توانایی‌اش محدود و برای انجام کارهای بزرگ ناتوان است.

Exact translation into English:

One hand makes no sound.

Usage, Explanation:

Working with others as a team will get you better results.

English Equivalents:

In unity there is strength!

or

Two heads are better than one!

پری‌ناز ژندی

پری‌ناز ژندی، آموزگاری خلاق و پرتلاش در سپهر فرهنگ و زبان پارسی است؛ فرزانه‌ای اندیشمند که سال‌هاست در دوردست‌های مهاجرت، چراغ زبان مادری را با جان و دل روشن نگاه داشته و با گام‌هایی استوار، راه اعتلای فرهنگ ایران زمین را در دیار بیگانه هموار کرده است. پری‌ناز ژندی، شاعر، نویسنده و کنشگری اجتماعی نیز هست؛ انسانی متعهد که در مجامع بین‌المللی در جهت پاسداشت زبان پارسی و حمایت از زنان ایرانی نقش‌آفرینی کرده است. در مقام کارشناس زبان و ادبیات فارسی، رسالت خود را گسترش مرزهای زبان مادری در پهنه‌ی جهانی می‌داند.

از دیگر افتخارات پری‌ناز ژندی، تألیف نخستین کتاب دوزبانه‌ی آموزش الفبای فارسی برای کودکان با بهره‌گیری از زبان انگلیسی‌ست. این اثر پرفروش، به همت انتشارات «کیدزوکادو» و با همراهی ستاره ستایش منتشر شده و در آمازون با استقبال گسترده روبه‌رو شده است.

او نه تنها آموزگار زبان، که پیام‌آور عشق به فرهنگ، شعر، و هویت ایرانی‌ست. روشنایی‌بخشی که واژه‌ها را چراغ راه کرده است تا فرزندان دیروز و امروز، از هر کجای جهان، ردّی از ایران را در دل خویش به یادگار داشته باشند...

Parinaz Zhandy:

Parinaz Zhandy is a creative and dedicated educator in the sphere of Persian language and culture, an insightful and wise figure who, for many years, has kept the flame of the mother tongue alight with heart and soul, paving the path of cultural elevation for Iran in foreign lands. She is the founder of the cultural-literary center "Be Sooye Ayandeh" in Vancouver, Canada. Her teaching method is a unique blend of literary knowledge and artistic vision, deeply rooted in the authentic Iranian cultural heritage. Parinaz Zhandy is also a poet, writer, and social activist, a committed human being who has advocated for the preservation of the Persian language and the rights of Iranian women in international forums. As a Persian language and literature expert, she sees her mission as expanding the frontiers of the mother tongue across the globe.

Among her proudest achievements is the authorship of the first bilingual Persian alphabet book for children using English as a supportive medium. This bestselling work, published by Kidsocado Publishing House in collaboration with Setareh Setayesh, has been warmly received on Amazon. She is not just a language teacher, but a messenger of love for culture, poetry, and Iranian identity, a beacon of light who has turned words into guiding lanterns, so that children of yesterday and today, from any corner of the world, may carry a trace of Iran in their hearts.

فریا زندی‌نیا

فریا زندی نیا در دوازده خرداد ۱۳۸۹ در تهران متولد شد. او در سه سالگی به همراه خانواده‌اش به کانادا مهاجرت کرد و از هفت سالگی به فراگیری زبان فارسی پرداخت. آموزگار او پری‌ناز ژندی به شیوه‌ای نو الفبای زبان فارسی را به او آموخت.
باگذر زمان و پیشرفت چشمگیرش در خواندن متون نظم و نثر فارسی، با شرکت در جشن‌های ایرانی مانند: نوروز، شب چله، مهرگان و غیره ..... که چه در آموزشگاه بسوی آینده و چه در خارج از آن انجام می‌شد نقش مهمی در پاسداری از زبان مادری و فرهنگ سرزمین خود داشت. وی بارها در برنامه‌های تلویزیون پرواز شرکت کرده است و در مورد ترویج زبان و فرهنگ ایرانی و دفاع از حقوق بشر صحبت کرده است. مطالب او در روزنامه‌های فارسی زبان نیز منتشر شده است.
فریا از کودکی علاقمند به فعالیت‌های اجتماعی بوده و بصورت داوطلبانه همکاری می‌کند. به رقص باله، شنا و موسیقی علاقمند است. او درحال حاضر در بصورت حرفه‌ای در تیم والیبال است.
در مجموعه «بسوی آینده» به آموزش نقاشی نیز نزد هنرمند عزیز مریم صمیمی مشغول است. و کاریکاتورهای این مجموعه نیز از کارهای خود اوست. اکنون فریا و آموزگارش کتاب دو زبانه «ضرب المثل‌های شیرین فارسی» را بصورت مشترک تألیف و تدوین کرده‌اند. و هدفشان از این کار ترویج فرهنگ پارسی در میان نسل جدید پارسی‌آموز است.

Faria Zandinia

Faria Zandinia was born on 02 June 2010 in Tehran, Iran. She immigrated to Vancouver, Canada, with her family at the age of three, and started learning Persian language and literature from the age of seven.
Her teacher is Parinaz Zhandy, a well-known poet and writer living in Vancouver, who teaches Persian alphabet and language to children and adults in a new way. With the passage of time and her remarkable progress in reading Persian poetry and prose texts, by participating in Iranian celebrations and rituals such as the Nowruz festival, Shab-e Chelleh, Tirgan ritual, The festival of Mehrgan, The celebration of Sadeh and Sepandarmazgan, which was held in the Be Sooye Ayande institute and gatherings of fellow Iranians, had an important role in protecting the native language and authentic Iranian culture.
In addition to that, Faria continues to go to Persian charity associations and non-governmental organizations to recite beautiful poems and verses from the stories of the Shahnameh and promote the language and culture of her motherland. She has been interviewed many times on Parvaz TV programs and has talked about the promotion of the Iranian language and culture and the defense of human rights. Her articles have been published in Persian newspapers. Since her childhood, Faria has been interested in social activities and voluntarily cooperates with the Be Sooye Ayande Institute. She participates in ballet, swimming, and piano music classes, she is studying in the 8th grade of secondary school and works professionally in the volleyball team. Faria's artistic activities in the field of painting and drawing are shown in a creative way in the book «A Guide to Persian Proverbs». Maryam Samimi, the teacher of painting and drawing art of Faria at the Be Soye Ayande Institute, was her guide and guided her in the illustration of her book.
At the moment, Faria and her teacher, Parinaz Zhandy, have written and edited the bilingual book «A Guide to Persian Proverbs», their goal is to promote the culture of common Persian proverbs among the new generation of Persian learners.

مریم صمیمی

آنجا که کلمات از بیان ناتوان‌اند، این تصویر است که سخن می‌گوید. زبان تصویر، زبان احساس است؛ زبانی که روح را جلا می‌دهد و هنری است چشم‌نواز و در این میان، چه خوش‌اقبال است کودکی که در مسیر یادگیری، با آموزگاری الهام‌بخش هم‌قدم می‌شود؛ آموزگاری که نه‌تنها زیبایی هنر را می‌آموزد، بلکه غرور و انگیزه را در جان کودک دوزبانه‌ای می‌دمد.

نقش پررنگ این همراهی عاشقانه، در واژه‌واژه‌ی فریای عزیزم جاری‌ست؛ یادگار ردّ لطیف دستان هنرمند و دل‌سوز آموزگاری صبور: سرکار خانم مریم صمیمی که نقاشی را نه‌فقط آموزش داد، بلکه آن را به زبانی برای درک و لمس ضرب‌المثل‌ها تبدیل کرد.

Maryam Samimi

Where words fall short, it is the image that speaks.

The language of imagery is the language of emotion—a language that polishes the soul and offers an art that delights the eye.

And how fortunate is the child who, on the path of learning, walks beside an inspiring teacher—one who not only teaches the beauty of art but breathes pride and motivation into the spirit of a bilingual child. The deep impact of this loving companionship flows through every word of my dear Faria—a lasting imprint of the gentle hands of a caring, patient teacher: Ms. Maryam Samimi, who not only taught painting, but turned it into a language for understanding and experiencing Persian proverbs.